Auxiliando a humanidade a encontrar a Verdade

Patrícia Barz
Geraldo Magela Borbagatto

APOMETRIA
PARA INICIANTES

© 2002
Patrícia Barz
Geraldo Magela Borbagatto

Apometria para Iniciantes
Patrícia Barz
Geraldo Magela Borbagatto

Todos os direitos desta edição
reservados à
CONHECIMENTO EDITORIAL LTDA.
Caixa Postal 404
CEP 13480-970 — Limeira — SP
Fone/Fax: 19 34510143
www.edconhecimento.com.br
conhecimento@edconhecimento.com.br

Nos termos da lei que resguarda os direitos autorais, é proibida a reprodução total ou parcial, de qualquer forma ou por qualquer meio — eletrônico ou mecânico, inclusive por processos xerográficos, de fotocópia e de gravação — sem permissão por escrito do editor.

Ilustração da Capa: Cláudio Gianfardoni
Projeto Gráfico: Sérgio Carvalho
Revisão de textos:
Margareth Rose Fonseca Carvalho

ISBN 85-7618-090-1 — 4ª EDIÇÃO - 2006

• Impresso no Brasil • *Printed in Brazil*
• *Presita en Brazilo*

Produzido no Departamento Gráfico de
CONHECIMENTO EDITORIAL LTDA
Fone/Fax: 19 34515440
e-mail: grafica@edconhecimento.com.br

Dados Internacionais de Catalogação na Publicação (CIP)
(Câmara Brasileira do Livro, SP, Brasil)

Barz, Patrícia
 Apometria para iniciantes / Patrícia Barz, Geraldo Magela Borbagatto — 4ª ed. — Limeira, SP : Editora do Conhecimento, 2006.

 ISBN 85-7618--090-1

 1. Cura magnética 2. Cura pelo espírito e espiritismo 3. Espiritismo 4. Espírito e corpo - Terapias 5. Fluidos magnéticos 6. Projeção astral I. Borbagatto, Geraldo Magela II. Título.

03-3278   CDD — 133.93

Índice para catálogo sistemático:
1. Apometria : Espiritismo 133.93

Patrícia Barz
Geraldo Magela Borbagatto

APOMETRIA
PARA INICIANTES

4ª edição — 2006

Virá o dia, temos certeza, em que uma purificada humanidade, radiosa de Amor e mentalmente poderosa, saberá agir sobre a coesão das moléculas e operar a harmonização completa de corpos físicos. É apenas uma questão de tempo! Conhecidas as leis que balizam o caminho, trilhá-lo dependerá somente do Amor; do Amor sob vontade. E do primeiro passo.

José Lacerda de Azevedo

Sumário

Prefácio 11
O Início 13
Apometria 14
Atendimento 14
Classificação didática dos distúrbios espirituais – modelo
Lacerda 15
Indução espiritual 16
Obsessão espiritual 17
Pseudo-obsessão 19
Simbiose 22
Parasitismo 23
Vampirismo 24
Estigmas cármicos não obsessivos: físicos e psíquicos 24
Síndrome dos aparelhos parasitas no corpo astral 26
Síndrome da mediunidade reprimida 29
Arquepadias (magia originada em passado remoto) 30
Goécia (magia negra) 31
Síndrome da ressonância vibratória com o passado 32
Correntes mentais parasitas auto-induzidas 34
As leis da apometria 36
Algumas técnicas apométricas 40
Desdobramento 40
Acoplamento do espírito desdobrado 41

7

Dialimetria - eteriatria 41
Pneumiatria 43
Despolarização dos estímulos da memória 44
Técnicas de impregnação magnética mental com
imagens positivas 45
Técnicas de sintonia psíquica com os espíritos 47
Incorporação entre vivos 47
Dissociação do espaço-tempo 48
Regressão no espaço e no tempo 49
Técnica de revitalização dos médiuns 50
Tratamentos especiais para magos negros 50
Tratamento de espíritos em templos do passado 51
Utilização dos espíritos da natureza 52
Esterilização espiritual do ambiente de trabalho 53
Técnica de condução dos espíritos encarnados,
Desdobrados, para hospitais do astral 54
Diagnósticos psíquicos - Telemnese 55
Imposição das mãos - Magnetização curativa 55
Cura das lesões no corpo astral dos espíritos
Desencarnados 56
Cirurgias astrais 58
Técnica de destruição de bases astrais maléficas 58
Técnica de inversão dos *Spins* dos elétrons do corpo astral de
desencarnados 59
Cromoterapia no Plano Astral 59
Campos de força: tetraédricos, gravitacionais 61
Viagens astrais sob comando 63
Arquecriptognosia 64
Diatetesterapia - micro-organizadores florais 65
Física 68
Divisão da física 68
Fenômenos físicos 68
Ramos da física 68
Física atômica e nuclear 69
Física quântica 70

Física quântica aplicada à apometria 75
Aplicação na apometria 77
Concluindo 81
Regras de ouro da apometria 81
Estudos 82
Função dos médiuns 83
A ética 83
Considerações 84
Abertura dos trabalhos 85
Procedimentos para atendimento de um paciente 87
Procedimentos para encerramento dos trabalhos 88
Bibliografia 91
Outros livros: 92

Prefácio

Podemos considerar a técnica denominada apometria como um bisturi muito eficaz que a Espiritualidade Maior colocou à disposição de todos os espíritas de boa vontade com o intuito de acelerar, com qualidade, os morosos atendimentos desobsessivos que ainda se realizam em muitas casas de nosso país. Pudemos ver e sentir a diferença entre os trabalhos realizados com e sem o auxílio da apometria. Lamentavelmente muitos companheiros de doutrina têm criado grandes obstáculos à compreensão e ao uso dessa técnica nos atendimentos cada vez mais numerosos.

A apometria é ainda uma possibilidade muito nova e para conhecê-la se faz necessário praticá-la com consciência do que se está a fazer, com paciência e principalmente com o nosso ser fundamentado no Evangelho. A apometria sem o Evangelho é apenas uma técnica, com ele torna-se uma bênção para aqueles que, na ignorância da realidade espiritual, jazem nos caminhos da dor, da pertubação e do desencanto.

A apometria não suplantará a doutrina espírita, porém poderá torná-la mais eficaz no que diz respeito àquilo que Jesus chamaria de "exercício de misericórdia".

Geraldo Magela Borbagatto

O início

Doutor José Lacerda de Azevedo era médico da turma de 1950. Carinhosamente qualificado por seus pares de "Preceptor de Medicina Espiritual", desde cedo abraçou a doutrina espírita. Através de seu senso investigativo e de estudos criteriosos tornou-se o precursor da Apometria no país.

Tudo começou no ano de 1965, quando esteve em Porto Alegre um psiquista porto-riquenho chamado Luiz Rodrigues, que realizou palestra no hospital espírita daquela cidade, demonstrando uma técnica que vinha empregando nos seus pacientes com resultados bastante satisfatórios. Denominada hipnometria, essa técnica foi defendida no VI Congresso Espírita Pan-americano, em 1963, em Buenos Aires, Argentina, e consistia na aplicação de pulsos magnéticos concentrados e progressivos no corpo astral do enfermo ao mesmo tempo em que, por sugestão, comandava-se o seu afastamento.

O psiquista Luiz Rodrigues não era espírita, tampouco médico, mas sim um investigador que acabou trazendo novas possibilidades para a medicina espiritual no campo da experimentação, quando conduzidas com métodos objetivos e sistemáticos.

Imediatamente, dr. José Lacerda testou aquela técnica com sua esposa, dona Yolanda, médium de grande sensibilidade. Utilizando sua criteriosa metodologia, sua sólida formação doutrinária e a observação constante dos fenômenos, aprimorou solidamente a técnica inicial. Identificou-se, então, na época, um grande complexo hospitalar na dimensão espiritual, denominado Hospital Amor e Caridade, de onde partiam o auxílio e a cobertura aos trabalhos assistenciais dirigidos por ele.

Apometria

O termo Apometria vem do grego *Apo* (que significa além de, fora de) e *Metron* (relativo à medida) e representa o clássico desdobramento entre o corpo físico e os corpos espirituais do ser humano. Não é propriamente mediunismo; apenas uma técnica de separação desses componentes.

A apometria é uma técnica de desdobramento que pode ser aplicada em todas as criaturas, não importando a saúde, a idade, o estado de sanidade mental e a resistência oferecida. É um método geral, fácil de ser utilizado por pessoas devidamente habilitadas e dirigentes capazes. Apresenta sempre resultado eficaz em todos os pacientes, mesmo nos oligofrênicos profundos sem nenhuma possibilidade de compreensão.

O êxito da apometria reside na utilização da faculdade mediúnica para entrarmos em contato com o mundo espiritual da maneira mais fácil e objetiva, sempre que quisermos. Embora não sendo propriamente uma técnica mediúnica, pode ser aplicada como tal, toda vez que desejarmos entrar em contato com o mundo espiritual.

Atendimento

No atendimento aos enfermos, é utilizada a seguinte prática: coloca-se inicialmente, através de desdobramento, os médiuns em contato com as entidades médicas do Astral. Uma vez firmado o contato, faz-se o mesmo com o doente, possibilitando, dessa forma, o atendimento do corpo espiritual do enfermo pelos médicos desencarnados, assistidos pelos espíritos dos médiuns que, então, relatam todos os fatos que ocorrem durante o atendimento, tais como: os diagnósticos, as cirurgias astrais, as orientações práticas para a vida, assim como a descrição da problemática espiritual que o paciente apresenta e as suas origens.

Torna-se necessário ainda que se faça uma proteção vibratória através de preces e formação de campos de força e barreiras magnéticas ao redor dos médiuns. O tratamento dos obsessores constitui um capítulo à parte, tal é a facilidade e a eficiência com que os espíritos sofredores são atendidos. Em virtude de se encontrarem no mesmo universo dimensional, os espíritos protetores agem com muito mais profundidade e rapidez. Os diagnósticos são muito mais precisos e detalhados; as operações astrais são executadas com alta técnica e com o emprego de aparelhagem sofisticada em hospitais muito bem montados em regiões elevadas do Astral Superior. Esse é um dos grandes segredos do tratamento espiritual e será provavelmente um marco fundamental para a futura medicina do espírito.

Classificação didática dos distúrbios espirituais – modelo Lacerda

Diante dessa classificação, impõe-se o conhecimento em profundidade dos mecanismos íntimos de cada uma das entidades nosográficas[1] citadas, lembrando que o diagnóstico de certeza dependerá sempre das condições de desenvolvimento e harmonia do grupo mediúnico, do perfeito domínio da técnica apométrica e da imprescindível cobertura da Espiritualidade Superior.

Em virtude da maioria das doenças, talvez 80 por cento, iniciarem-se no corpo astral, pode-se deduzir que nas eras vindouras a medicina será integral, isto é, um grupo de médicos terrenos atenderá as mazelas patológicas físicas, trabalhando ao lado de outro grupo de médicos desencarnados, que se encarregarão do corpo espiritual. Os distúrbios são:
- Indução espiritual
- Obsessão espiritual
- Pseudo-obsessão
- Simbiose

1 Nosografia - Descrição metódica das doenças.

- Parasitismo
- Vampirismo
- Estigmas cármicos não obsessivos: físicos e psíquicos
- Síndrome dos aparelhos parasitas no corpo astral
- Síndrome da mediunidade reprimida
- Arquepadias (magia originada em passado remoto)
- Goécia (magia negra)
- Síndrome da ressonância vibratória com o passado
- Correntes mentais parasitas auto-induzidas

Indução Espiritual

A indução espiritual de desencarnado para encarnado se faz espontaneamente, na maioria das vezes de modo casual, sem premeditação ou maldade alguma. O espírito vê o paciente, sente-lhe a benéfica aura vital que o atrai, porque lhe dá sensação de bem-estar. Encontrando-se enfermo, porém, ou em sofrimento, transmite ao encarnado suas angústias e dores, a ponto de desarmonizá-lo, na medida da intensidade da energia desarmônica de que está carregado e do tempo de atuação sobre o encarnado. Em sensitivos sem educação mediúnica é comum chegarem em casa esgotados, angustiados ou queixando-se de profundo mal-estar. Por ressonância vibratória, o desencarnado recebe um certo alívio, uma espécie de calor benéfico que se irradia do corpo vital, mas causa no encarnado o mal-estar de que este se queixa.

Hábitos perniciosos ou vícios, uma cerveja na padaria, um cigarro a mais, um passeio no motel quando o objetivo não é lícito, um porno-filme da locadora de vídeo, a manifestação violenta da sua opinião pessoal no jogo de futebol, atraem tais tipos de companhia espiritual. Algumas brincadeiras como as do copo, ou do pêndulo, também podem atrair espíritos brincalhões, a princípio, que podem gostar dos participantes e permanecer por uma longa estada ao lado deles. De qualquer maneira, o encarnado é sempre o maior prejudicado por culpa da sua própria invigilância. "Orai e vigiai" são as palavras chaves, e o agir conscientemente é a resposta.

A influência exercida pelos desencarnados, em todas as

esferas da atividade humana, poderá ser feita de maneira sutil e imperceptível. Por exemplo; sugerindo uma única palavra escrita ou falada que deturpe o significado da mensagem do encarnado de modo a colocá-lo em situação delicada.

A indução espiritual, embora aparente uma certa simplicidade, pode evoluir de maneira drástica, ocasionando repercussões mentais bem mais graves, simulando até mesmo uma subjugação espiritual por vingança.

Durante o estado de indução espiritual, existe a transferência da energia desarmônica do desencarnado para o encarnado. Este fato poderá agravar outros fatos precedentes, como a ressonância vibratória com o passado angustioso, que trazem a desarmonia psíquica para a vida presente através de "flashes" ideoplásticos.[2] Em outras palavras: um fato qualquer na vida presente poderá ativar uma faixa angustiosa de vida passada; tal vibração gera a sintonia vibracional que permite a aproximação de um espírito desencarnado em desarmonia. Esses dois fatos juntos podem gerar situações de esquizofrenia na vida atual do paciente.

Obsessão Espiritual

A obsessão é a ação persistente que um espírito mau exerce sobre um indivíduo. Apresenta caracteres muito diversos, desde a simples influência moral, sem perceptíveis sinais exteriores, até a perturbação completa do organismo e das faculdades mentais.

Allan Kardec

É a ação nefasta e continuada de um espírito sobre outro, independentemente do estado de encarnado ou desencarnado em que se encontrem.

Dr. José Lacerda

A obsessão implica sempre ação consciente e volitiva com objetivo bem nítido, visando fins e efeitos muito definidos pelo obsessor que sabe muito bem o que está fazendo. Esta ação premeditada, planejada e posta em execução, por

[2] Ideoplásticos - Do grego *ideo* significa "aparência", "princípio", "idéia"; somado a *plástico, plasso* ou *platto*, que quer dizer "modelar", "moldar", ou simplesmente "plasmar", no conceito espírita.

Apometria para Iniciantes

vezes, com esmero e sofisticação, constitui a grande causa das enfermidades psíquicas.

Quando a obsessão se processa por imantação mental, a causa está sempre em alguma imperfeição moral da vítima (na encarnação presente ou nas anteriores), que permite a ação influenciadora de espíritos malfazejos.

A obsessão é a enfermidade do século. Tão grande é o número de casos rotulados como disfunção cerebral ou psíquica (nos quais, na verdade, ela está presente) que podemos afirmar: fora as doenças causadas por distúrbios de natureza orgânica, como traumatismo craniano, infecção, arteriosclerose e alguns raros casos de ressonância com o passado (desta vida), **todas** as enfermidades mentais são de natureza espiritual.

A maioria dos casos é de desencarnados atuando sobre mortais. A etiologia das obsessões, todavia, é tão complexa quanto profunda, vinculando-se às dolorosas conseqüências de desvios morais em que encarnado e desencarnado trilharam caminhos da criminalidade franca ou dissimulada. Ambos, portanto, devendo contas mais ou menos pesadas por transgressões à grande Lei da Harmonia Cósmica, passam a se encontrar, por isso, na condição de obsidiado e obsessor, desarmonizados, antagônicos, sofrendo mutuamente os campos vibratórios adversos que eles próprios criaram.

A maioria das ações perniciosas de espíritos sobre encarnados implica todo um extenso processo a se desenrolar no tempo e no espaço, em que a atuação odiosa e pertinaz (causa da doença) nada mais é do que um contínuo fluxo de cobrança de mútuas dívidas, perpetuando o sofrimento de ambos os envolvidos. Perseguidores de ontem são vítimas hoje em ajuste de contas interminável, mais trevoso do que dramático. Ambos, perseguidor e vítima atuais, estão atrasados na evolução espiritual, tendo transgredido a Lei da Harmonia Cósmica e não compreendendo os desígnios da Justiça Divina.

As obsessões podem ser classificadas em simples (mono ou poli-obsessões[3] ou complexa, quando houver ação de magia

---
3 Mono ou poli-obsessões - Por um obsessor ou por vários obsessores.

negra, implantação de aparelhos parasitas, uso de campos de força dissociativos ou magnéticos de ação contínua, provocadores de desarmonias tissulares[4] que dão origem a processos cancerosos. Assim, os obsessores agem isoladamente, em grupos ou em grandes hordas, conforme o grau de imantação que têm com o paciente, sua periculosidade, os meios astrais de que dispõem, a inteligência de que são portadores e sua potencialidade mental. De todos os modos são terríveis e somente com muito amor e vontade de servir à Obra do Senhor é que poderemos tratá-los e encaminhá-los.

Os tipos de ação obsessivas podem acontecer em desencarnado atuando sobre desencarnado, desencarnado sobre encarnado, encarnado sobre desencarnado, encarnado sobre encarnado ou ainda obsessão recíproca, esses dois últimos estudados sob o título de Pseudo-obsessão.

Pseudo-obsessão

É a atuação do encarnado sobre o encarnado ou a obsessão recíproca. Todos nós conhecemos criaturas dominadoras, prepotentes e egoístas, que comandam toda uma família, obrigando todos a fazerem exclusivamente o que elas querem. Tão pertinaz (e ao mesmo tempo descabida) pode-se tornar essa ação que, sucedendo a morte do déspota, todas as vítimas de sua convivência, por vezes, chegam a respirar aliviadas. No entanto, o processo obsessivo há de continuar, pois a perda do corpo físico não transforma o obsessor.

Esse tipo de ação nefasta é mais comum entre encarnados, embora possa haver pseudo-obsessão entre desencarnados e encarnados. Trata-se de ação perturbadora em que o espírito agente não deseja deliberadamente prejudicar o ser visado. É conseqüência da ação egoísta de uma criatura que faz de outra o objeto dos seus cuidados e a deseja ardentemente para si como propriedade sua. Exige que a outra obedeça cegamente às suas ordens, desejando protegê-la, guiá-la e, com tais coerções, impede-a de se relacionar saudável e normalmente com os seus semelhantes.

---
4 Tissulares - Relativo aos tecidos.

Acreditamos que o fenômeno não deve ser considerado obsessão propriamente dita. O agente não tem intuito de prejudicar o paciente. Acontece que, embora os motivos possam até ser nobres, a atuação resulta prejudicial; com o tempo, poderá transformar-se em verdadeira obsessão.

A pseudo-obsessão é muito comum em pessoas de personalidade forte, egoístas, dominadoras, que, muitas vezes, sujeitam a família à sua vontade tirânica. Ela aparece nas relações de casais, quando um dos cônjuges tenta exercer domínio absoluto sobre o outro. Caso clássico, por exemplo, é o do ciumento que cerceia de tal modo a liberdade do ser amado que, cego a tudo, termina por prejudicá-lo seriamente. Nesses casos, conforme a intensidade e continuidade do processo, pode-se instalar a obsessão simples (obsessão de encarnado sobre encarnado).

O que dizer do filho mimado que chora, bate o pé, se joga ao chão, até que consegue que o pai ou a mãe lhe dê o que quer ou lhe "sente a mão". Qualquer das duas reações faz com que o pequeno e "inocente" vampiro absorva as energias do oponente. O que pensar do chefe déspota, no escritório? E dos desaforos: "eu faço a comida, mas eu cuspo dentro". E da tal mulher dengosa que consegue tudo o que quer? Quais são os limites prováveis?

Quando o relacionamento entre encarnados aparenta ter momentos de trégua enquanto dormem, o elemento dominador pode desprender-se do corpo e sugar as energias vitais do corpo físico do outro. Após o desencarne, o elemento dominador poderá continuar a "proteger" as suas relações. A agravante agora é que o assédio torna-se maior ainda, pois o desencarnado não necessita mais cuidar das obrigações básicas que teve como encarnado, tais como: comer, dormir, trabalhar etc.

O obsidiado poderá reagir às ações do obsessor criando condições para a obsessão recíproca: quando a vítima tem condições mentais, esboça defesa ativa, procura agredir o agressor na mesma proporção em que é agredida. Estabelece-se, assim, um círculo vicioso de imantação por ódio mútuo, difícil de ser anulado.

Em menor ou maior intensidade, essas agressões recíprocas aparecem em quase todos os tipos de obsessão; são eventuais (sem características que as tornem perenes), surgindo conforme circunstâncias e fases existenciais, podendo ser concomitantes a determinados acontecimentos. Apesar de apresentarem, às vezes, intensa imantação negativa, esses processos de mútua influenciação constituem obsessão simples, tendo um único obsessor.

Quando a obsessão recíproca acontece entre desencarnado e encarnado é porque o encarnado tem personalidade muito forte, grande força mental e muita coragem, pois enfrenta o espírito em condições de igualdade. No estado de vigília, a pessoa viva normalmente não sabe o drama que está vivendo. É durante o sono – e desdobrada – que passa a ter condições de enfrentar e agredir o contendor.

Em conclusão a esses tipos de relacionamentos interpessoais, aparenta-me que o ser humano deixou de absorver as energias cósmicas ou divinas por seu próprio erro, desligando-se do Divino, e busca desde então exercer o "poder" sobre o seu semelhante para, assim, vampirizar e absorver as suas energias vitais.

De que maneira podemos nos "religar" e absorver as energias divinas, depois de tantas vidas procedendo erroneamente? Talvez a resposta esteja no "Orai e vigiai", de maneira constante e persistente, sem descanso, sem tréguas, buscando o equilíbrio de ações, pensamentos e plena consciência dos seus atos, pois talvez o maior culpado desse procedimento errôneo ainda seja aquele que se deixa dominar, vampirizar ou chantagear.

Simbiose

Por simbiose se entende a duradoura associação biológica de seres vivos, harmônica e, às vezes, necessária, com benefícios recíprocos. A simbiose espiritual obedece ao mesmo princípio. Na biologia, o caráter harmônico deriva das necessidades complementares das espécies que realizam tais associações que, primitivamente, foi parasitismo. Com o tempo, a relação evoluiu e se disciplinou biologicamente: o parasitado, também ele, começou a tirar proveito da relação.

Existe simbiose entre espíritos como entre encarnados e desencarnados. É comum se ver associações de espíritos junto a médiuns, atendendo aos seus menores chamados. Em troca, porém, recebem do médium as energias vitais de que carecem. Embora os médiuns muitas vezes nem suspeitem, seus "associados" espirituais são espíritos inferiores que se juntam aos homens para parasitá-los ou para fazer simbiose com eles.

A maioria dos "ledores da sorte", sem dotes proféticos individuais, só tem êxito na leitura das cartas porque são intuídos pelos desencarnados que os rodeiam. Em troca, os espíritos recebem do médium (no transe parcial deste) energias vitais, que sorvem de imediato e sofregamente...

Narra-nos André Luiz em *Libertação*, capítulo "Valiosa Experiência": "Depois de visivelmente satisfeito no acordo financeiro estabelecido, colocou-se o vidente em profunda concentração e notei o fluxo de energias a emanarem dele, através de todos os poros, mas muito particularmente da boca, das narinas, dos ouvidos e do peito. Aquela força, semelhante a vapor fino e sutil, como que povoava o ambiente acanhado e reparei que as individualidades de ordem primária ou retardadas, que coadjuvavam o médium em suas incursões em nosso plano, sorviam-na a longos haustos, sustentando-se dela, quanto se nutre o homem comum de proteína, carboidratos e vitaminas".

Parasitismo

Em biologia, "parasitismo é o fenômeno pelo qual um ser vivo extrai direta e necessariamente de outro ser vivo (denominado hospedeiro) os materiais indispensáveis para a formação e construção de seu próprio protoplasma". O hospedeiro sofre as conseqüências do parasitismo em graus variáveis, podendo até morrer. Haja vista o caso da figueira que cresce como uma planta parasita e, à medida que cresce, sufoca completamente a planta hospedeira a ponto de secá-la completamente. Parasitismo espiritual implica, sempre, viciação do parasita. O fenômeno não encontra respaldo ou origem nas tendências naturais da espécie humana; pelo contrário, cada indivíduo sempre tem condições de viver por suas próprias forças. Não há compulsão natural à sucção de energias alheias. É a viciação que faz com que muitos humanos, habituados durante muito tempo a viver da exploração, exacerbem essa condição anômala, quando desencarnados. Tanto quanto o parasitismo entre seres vivos, o espiritual é vício muitíssimo difundido. Casos há em que o parasita não tem consciência do que faz; às vezes, nem sabe que já desencarnou. Outros espíritos, vivendo vida apenas vegetativa, parasitam um mortal sem que tenham a mínima noção do que fazem; não têm idéias, são enfermos desencarnados em dolorosas situações. Neste parasitismo inconsciente se enquadra a maioria dos casos.

Há também os parasitas que são colocados por obsessores para enfraquecerem os encarnados; casos que aparecem em obsessões complexas, sobretudo quando o paciente se apresenta anormalmente debilitado.

O primeiro passo do tratamento consiste em separar o parasita do hospedeiro. Cuida-se do espírito, tratando-o. Elementos valiosos podem surgir, facilitando a cura do paciente encarnado. Por fim, trata-se de energizar o hospedeiro, indicando-lhe condições e procedimentos profiláticos.

Vampirismo

A diferença entre o vampirismo e o parasitismo está na intensidade da ação nefasta do vampirismo, determinada pela consciência e pela crueldade com que é praticada. Existe, portanto, a intenção; ou seja, vampirizam porque querem e sabem o que querem. André Luiz nos informa em *Os Missionários da Luz*, capítulo "Vampirismo": "Sem nos referirmos aos morcegos sugadores, o vampiro, entre os homens, é o fantasma dos mortos, que se retira do sepulcro, alta noite, para alimentar-se do sangue dos vivos. Não sei quem é o autor de semelhante definição, mas, no fundo, não está errada. Apenas cumpre considerar que, entre nós, vampiro é toda entidade ociosa que se vale, indebitamente, das possibilidades alheias e, em se tratando de vampiros que visitam os encarnados, é necessário reconhecer que eles atendem aos sinistros propósitos a qualquer hora, desde que encontrem guarida no estojo de carne dos homens".

Há todo um leque de vampiros, no qual encontram-se criaturas encarnadas e desencarnadas. Todos os espíritos inferiores, ociosos e primários podem vampirizar ou parasitar mortos e vivos. Conhecemos um paciente portador de distrofia muscular degenerativa que, pela descrição, estava de tal modo ligado ao espírito vampirizante que se fundiam totalmente; os cordões dos corpos astrais estavam emaranhados; o espírito tinha tanto amor pelo paciente que acabou por odiá-lo profundamente, desejando a sua morte, e assim sugava-lhe as energias.

Estigmas cármicos não obsessivos: físicos e psíquicos

Como exemplos, citamos as deficiências físicas congênitas de um modo geral: ausência de membros, cardiopatias congênitas, surdez, cegueira etc., além de todos os casos de manifestações mentais patológicas, entre elas, a esquizofrenia, grave enfermidade responsável pela restrição da atividade consciencial da criatura, a comprometer por toda uma existência a sua vida de relação. Podemos enquadrar aqui também os casos de Síndrome de Down e Autismo.

Por outro lado, os neurologistas defrontam-se seguidamente com alguns casos desconcertantes de estigmas retificadores — as epilepsias essenciais, assim denominadas por conta dos acessos convulsivos na ausência de alterações eletroencefalográficas. São quadros sofridos, difíceis e nem sempre bem controlados com os anti-convulsivantes específicos. Boa parte desses enfermos costuma evoluir para a cronicidade sem que a medicina atine com as verdadeiras causas do mal. Diz o médico espírita Eliezer Mendes, em seus livros, que são casos de médiuns altamente sensitivos tratados e internados em hospitais psiquiátricos, o que mais lhes prejudica no seu caminho evolutivo.

A reencarnação é a oportunidade que temos de reaprender, de acertar, para podermos evoluir. Apesar dos bons propósitos e da vontade de progredir, assumidos contratualmente no Ministério da Reencarnação, nem sempre o espírito, no decorrer de uma reencarnação, atinge a totalidade dos objetivos moralizantes. As imperfeições milenares que o aprisionam às manifestações egoísticas impedem-no de ascender verticalmente com a rapidez desejada e, por vezes, enreda-se nas malhas de seus múltiplos defeitos, retardando deliberadamente a caminhada terrena em busca da luz.

Na vivência das paixões descontroladas, o indivíduo menos vigilante atenta contra as Leis Morais da Vida e, deixando-se arrastar por ímpetos de violência, termina por prejudicar, de forma contundente, um ou vários companheiros de jornada evolutiva.

Todo procedimento anti-ético, redundante no mal, produz complexa desarmonia psíquica que reflete energias densificadas que se enraízam no perispírito, só se exteriorizando mais tarde sob a forma de deficiências ou enfermidades complexas no transcorrer das reencarnações sucessivas. A presença de estigma cármico reflete a extensão e o valor de uma dívida moral, indicando a necessidade de ressarcimento e trabalho reconstrutivo no campo do bem, em benefício do próprio reequilíbrio espiritual.

Os estigmas cármicos, quando analisados pelo prisma espírita, podem ser considerados recursos do mais elevado valor terapêutico, requeridos pelo espírito moralmente enfermo, visando o reajuste perante a sua própria consciência culpada.

Síndrome dos aparelhos parasitas no corpo astral

Um paciente caminhava lentamente, com passos lerdos, como se fosse um robô; estava rodeado por cinco entidades obsessoras de muito baixo padrão vibratório. Suas reações eram apenas vegetativas com demonstrações psíquicas mínimas. Às vezes, ouvia vozes estranhas que o induziam a atitudes de autodestruição, ou faziam comentários de seus atos. Tais vozes procuravam desmoralizá-lo sempre.

Ao ser submetido, em desdobramento, a exame no Hospital Amor e Caridade, do plano espiritual, verificou-se que o enfermo era portador de um aparelho estranho fortemente fixado por meio de parafusos no osso occipital com filamentos muito finos, distribuídos na intimidade do cérebro e em algumas áreas da córtex frontal.

Explicaram os médicos desencarnados que se tratava de um aparelho eletrônico colocado por inteligência poderosa e altamente técnica com o interesse de prejudicar o paciente, e que os cinco espíritos obsessores que o assistiam eram apenas "guardas" incapazes de dominarem técnica tão sofisticada. Portanto, zelavam apenas pela permanência do aparelho no doente.

Em primeiro lugar, foram atendidos os espíritos negativos que o assistiam e, em seguida, encaminhados ao hospital. Por se tratar de um obsessor dotado de alto nível de inteligência, a Espiritualidade determinou que o atendimento desse paciente fosse feito algumas horas mais tarde, em sessão especial. À hora aprazada, o enfermo foi desdobrado pela apometria e conduzido ao hospital para exame. Posteriormente, trouxemos o espírito do obsessor para ser atendido no ambiente de trabalho.

Explicaram os amigos espirituais que bastaria tentar desparafusar o aparelho para que o mesmo emitisse um sinal eletrônico para a base, alertando, assim, o comando das trevas. Então, eles tocaram no parafuso que tinha "rosca esquerda" com o propósito de atrair o responsável. Estimavam detê-lo de qualquer forma, tomando, para isso, precauções como a distribuição de forte guarnição estrategicamente situada.

Ao final do trabalho, a entidade retirou o aparelho parasita com toda a delicadeza possível, visando não lesar o enfermo. E ainda revelou que já havia instalado mais de 900 instrumentos de vários tipos no cérebro de seres humanos; que em alguns indivíduos o resultado era nulo porque havia nestes uma imunidade para tais engenhos; que outros o recebiam com muita facilidade, tornando-se autômatos; e que uns poucos até tinham morrido.

O aparelho funcionava da seguinte maneira: recebia uma onda eletromagnética de rádio freqüência, em faixa de baixa freqüência, de maneira constante, porém sem atingir os níveis da consciência, tendo por finalidade esgotar seu sistema nervoso. Em momentos marcados, emitia sinal modulado com vozes de comando, ordens, comentários etc. O próprio enfermo fornecia energia para o funcionamento do engenho parasita, pois um filamento fica ligado a um tronco nervoso ou a um músculo com o objetivo de captar a energia emitida.

A recuperação do enfermo manifestou-se em 48 horas. A primeira revisão aconteceu um mês após. O paciente prosseguiu nos estudos. Cinco anos depois, encontra-se bem.

Aparelhos tão sofisticados quanto o descrito acima são colocados com muita precisão e cuidado no sistema nervoso central dos pacientes. Geralmente, os portadores de tais instrumentos são obsidiados de longa data e que, aparentemente, sofrem muito com esses mecanismos parasitas. A finalidade desses engenhos eletrônicos é causar perturbação nervosa na área da sensibilidade ou em centros nervosos determinados. Alguns mais perfeitos e complexos atingem também áreas motoras específicas, causando respostas neurológicas correspondentes, tais como paralisias progressivas, atrofias, hemiplegias, síndromes dolorosas etc. O objetivo sempre é desarmonizar a fisiologia nervosa do paciente e fazê-lo sofrer. A interferência constante no sistema nervoso causa perturbações de vulto, não só da fisiologia normal, mas, sobretudo, no vasto domínio da mente, com reflexos

imediatos para a devida apreciação dos valores da personalidade e suas respostas na conduta do indivíduo.
Tudo isso se passa no mundo espiritual, no corpo astral. Somente em desdobramento é possível retirar esses artefatos parasitas, o que explica a ineficiência dos "passes" nesse tipo de enfermidade. O obsessor pode ser de dois tipos: ou o inimigo contratou, mediante barganha em troca do trabalho, a sua instalação com algum mago das sombras, verdadeiro técnico em tais misteres, ou o obsessor é o próprio técnico que, pessoalmente, colocou o aparelho e zela pelo seu funcionamento, tornando o quadro mais sombrio.
A finalidade desses engenhos eletrônicos (eletrônicos, sim! e sofisticados) é causar perturbações funcionais em áreas como as da sensibilidade, das percepções ou motoras, e outros centros nervosos como núcleos da base cerebral e da vida vegetativa. Mais perfeitos e complexos, alguns afetam áreas múltiplas e zonas motoras específicas, com as correspondentes respostas neurológicas: paralisias progressivas, atrofias, hemiplegias, síndromes dolorosas etc., paralelamente às perturbações psíquicas.
Como se vê, o objetivo é sempre diabólico: desarmonizar a fisiologia nervosa e fazer a vítima sofrer. A presença dos aparelhos parasitas já indica os tipos de obsessores que terão de ser enfrentados: Em geral, eles pertencem a dois grandes "ramos":

1 — O inimigo da vítima contrata, mediante barganha, um mago das trevas especializado na confecção e na instalação dos aparelhos.

2 — O obsessor é o próprio técnico, que confecciona, instala o aparelho e, como se não bastasse, também zela pelo ininterrupto funcionamento, o que torna o quadro sobremaneira sombrio.

É comum obsessores colocarem aparelhos desarmonizadores e/ou pequenos parasitas em incisões operatórias, durante as cirurgias, para causar nos enfermos o maior mal-estar possível, já que com isso impedem a cicatrização ou ensejam a formação de fístulas rebeldes e perigosas — em vísceras ocas, por exemplo. Tudo isso no mundo astral, mas com pronta repercussão no corpo físico: dores, prurido intenso, desagradável calor local, inflamação etc.

Vide também: Diatetesterapia e Micro Organizadores Florais.

Síndrome da mediunidade reprimida

Mediunidade é a faculdade psíquica que permite a investigação de planos invisíveis, isto é, os ambientes onde vivem os espíritos, pela sintonização com o universo dimensional deles. Médium, portanto, é o intermediário, ou seja, quem serve de mediador entre o humano e o espiritual, entre o visível e o invisível. É médium todo aquele que percebe a vida e a atividade do mundo invisível, ou quem lá penetra, consciente ou inconscientemente, desdobrado de seu corpo físico.

Todo médium é agente de captação; mas também transmite ondas de natureza radiante, correntes de pensamento do espaço cósmico que circunda nosso planeta. Sabe-se, no entanto, que esse sentido especial, quando não disciplinado, pode causar grandes perturbações psíquicas, como conduta anormal, sensibilidade exagerada, tremores, angústias, mania de perseguição etc., podendo levar à desorganização completa da personalidade, que caracteriza os quadros clássicos de psicose.

Esse perigo tem explicação. O médium é, antes de tudo, um sensitivo; um indivíduo apto a captar energias radiantes de diversos padrões vibratórios, do mundo psíquico que nos cerca. Se não se desligar dessas emissões em sua vida normal, acabará por sofrer sucessivos choques e desgastes energéticos que esgotarão seu sistema nervoso, com graves conseqüências para o seu equilíbrio psíquico. O consciente desligamento da dimensão imaterial é obtida pela educação da mediunidade, indispensável a todo médium. A sintonia só deverá acontecer quando ele estiver em trabalho útil e em situação adequada, a serviço de ambos os planos da vida. Um médium é instrumento de serviço.

Arquepadias
(magia originada em passado remoto)

Arquepadia[5] é a síndrome psicopatológica que resulta de magia originada num passado remoto, mas atuando ainda no presente.

Freqüentemente os enfermos apresentam quadros mórbidos estranhos, subjetivos, sem causa médica conhecida e sem lesão somática evidente. São levados na conta de neuróticos incuráveis. Queixam-se de cefaléias, sensação de abafamento ou crises de falta de ar sem serem asmáticos.

Outros têm nítida impressão de que estão amarrados, pois chegam a sentir as cordas; alguns somente sentem-se mal em determinadas épocas do ano ou em situações especiais.

Os doentes sofrem no corpo astral os reflexos de situações de encarnações anteriores. Alguns foram sacerdotes de cultos estranhos e assumiram compromissos com entidades em forma de deuses, selados às vezes com sangue, formando dessa forma fortes laços de imantação que ainda não foram desfeitos. Outros, em encarnações no Egito, sofreram processos de mumificação especial, apresentando ainda em seu corpo astral as faixas de conservação cadavérica e os respectivos amuletos fortemente magnetizados. Alguns sofreram punições e maldições que se imantaram em seus perispíritos e continuam atuando até hoje.

Sempre é necessário um tratamento especial em seu corpo astral para haver a liberação total do paciente.

Goécia (magia negra)

A magia sempre esteve presente em todas as civilizações, desde a mais remota Antigüidade. Provavelmente começou com o homem das cavernas. Conhecemos os seus rituais propiciatórios para atrair animais com os quais se alimentavam; os rituais mágicos em cavernas sepulcrais; as invocações às forças da natureza para a defesa da tribo contra animais e ini-

---
5 Arquepadia - Do grego *épados*, que significa "magia", mais *archaios*, que quer dizer "antigo".

migos. Com o decorrer do tempo, essa magia natural teve as suas finalidades distorcidas, tornando-se arma mortífera nas mãos de magos renegados. E, assim, encantamentos passaram a ser usados para fins escusos, para agredir, prejudicar e confundir, tanto indivíduos como exércitos e Estados. A ambição e o egoísmo usaram as forças da natureza para o mal; espíritos dos diversos reinos foram e ainda são escravizados por magos negros, que não poupam nem o próprio homem. A distorção e o uso incorreto da magia fez com que caísse em rápida e progressiva decadência.

No mais das vezes, a magia é a utilização das forças da natureza, dos seus elementos e dos seres espirituais que os coordenam. A natureza é a obra de Deus na sua forma pura.

Nós, os seres humanos, na nossa maneira de agir erroneamente é que utilizamos essas energias com maldade, e ao longo do nosso aprendizado nos tornamos magos negros, distanciando-nos da Lei do Criador e, assim, permitindo que o orgulho e a vaidade assumam espaço em nossos corações. Desaprendemos como captar a energia divina e aprendemos a ganhar "poder" sobre os nossos companheiros e sugar as suas minguadas energias.

Ao longo das nossas encarnações, fomos nos tornando seres devedores da Lei, e por causa desse caminho desvirtuado é que Deus se apieda de nós e permite que paguemos com o amor as dívidas que contraímos. Essa é a finalidade das nossas vidas: "Amar a Deus sobre todas as coisas e ao próximo como a nós mesmos."

O pior tipo de obsessão, contudo, por todos os motivos complexa, é sem dúvida a que envolve a superlativamente nefasta magia negra. Ao nos depararmos com tais casos, de antemão sabemos: será necessário ministrar tratamento criterioso, etapa por etapa, para retirar os obsessores, que costumam ser muitos. Procedemos à desativação dos campos magnéticos que, sem essa providência, ficariam atuando indefinidamente sobre a vítima. Isso é muito importante. Alertamos: a ação magnética só desaparece se desativada por ação externa em relação à pessoa, ou se o enfermo conseguir elevar o seu padrão vibratório a um ponto tal que lhe permita livrar-se, por si próprio, da prisão magnética. Assim como um dia utilizamos as forças da natureza de maneira errada, é com ela que contaremos dessa vez, porém da maneira correta. Entidades da natureza sempre estarão presentes e dispostas a nos auxiliar.

Os magos das trevas têm atuação bastante conhecida: astuciosa, dissimuladora, diabólica. Apresentam-se às vezes com mansidão, mas são apenas aparências, ciladas, camuflagens, despistamentos e ardis. Pela dialética, pouco será conseguido. Para enfrentá-los, o operador deve ter conhecimento e suficiente experiência das técnicas de contenção, além de poder e proteção espiritual bastante para enfrentá-los. Nunca se deve esquecer que os magos negros vêm se preparando — e muito bem —, ao longo dos séculos, para neutralizar as ações contra eles e, se possível, revertê-las contra quem tentar neutralizá-los.

Síndrome da ressonância vibratória com o passado

Lembranças sugestivas de uma outra encarnação, seguramente, fluem de um arquivo de memória que não o existente no cérebro material; sugerem a evidência de arquivos perenes situados em campos multi-dimensionais da complexidade humana; portanto, estruturas que preexistem ao berço e sobrevivem ao túmulo. O espírito eterno que nos habita guarda todas as cenas vividas nas encarnações anteriores; tudo, sensações, emoções e pensamentos, com todo o seu colorido.

Ressonância vibratória com o passado são vislumbres fugazes de fatos vivenciados em uma outra equação de tempo e que, em certas circunstâncias, na encarnação atual, emergem do psiquismo de profundidade através de "flashes" ideoplásticos de situações vividas em encarnações anteriores. A pessoa encarnada não se recorda de vidas passadas porque o cérebro físico não viveu aquelas situações e, logicamente, delas não tem registro. Nosso cérebro está apto a tratar de fenômenos que fazem parte da existência atual, e não de outras.

Se a ressonância é de caráter positivo, expressando a recordação de um evento agradável, não desperta maiores atenções, confundindo-se com experiências prazeirosas do cotidiano. Porém, no caso de uma ressonância negativa, ocorrem lembranças de certas atitudes infelizes do homem terreno, a exemplo, de suicídios, crimes, desilusões amorosas e prejuízos infligidos aos outros, podendo gerar conflitos espirituais duradouros.

São contingências marcantes, responsáveis por profundas cicatrizes psicológicas que permanecem indelevelmente gravadas na memória espiritual. Nas reencarnações seguintes, essas reminiscências podem emergir espontaneamente sob a forma de "flashes" ideoplásticos e a criatura passa a manifestar queixas de mal-estar generalizado com sensações de angústia, desespero ou remorso sem causas aparentes, alicerçando um grupo de manifestações neuróticas, bem caracterizadas do ponto de vista médico-espírita e denominadas de Ressonâncias Patológicas, como bem as descreveu Dr. Lacerda.

Uma determinada situação da vida presente, uma pessoa, um olhar, uma jóia, uma paisagem, uma casa, um móvel, um detalhe qualquer pode ser o detonador que traz a sintonia vibratória. Quando a situação de passado foi angustiosa, este passado sobrepõe-se ao presente. A angústia, ocorrendo inúmeras vezes, cria um estado de neurose que com o tempo degenera em psicopatia. Estados vibracionais como esses podem atrair parasitas espirituais que agravam o quadro.

Durante um atendimento em nosso grupo, incorporou o espírito de uma criança, cujo pai foi convocado para a guerra e disse a ela que voltaria para buscá-la. O pai morreu em uma batalha. A aldeia onde moravam foi bombardeada e a criança desencarnou junto com os outros. O doutrinador, naquela encarnação, foi o pai da criança. O nível do corpo mental da criança ficou preso à situação de passado pela promessa do pai e os outros habitantes da aldeia ficaram magnetizados

Apometria para Iniciantes 33

àquela situação. Todos foram atendidos. O fator desencadeante: a criança, em sua atual encarnação, é dentista, tendo o doutrinador como paciente.

Correntes mentais parasitas auto-induzidas

Certos indivíduos mais sensíveis ou impressionáveis manifestam um verdadeiro temor às aflições corriqueiras da vida. A causa de tudo é o medo patológico que alimentam. Com o passar dos tempos, esse medo indefinido e generalizado converte-se numa verdadeira expressão de pavor, desestruturando por completo o psiquismo da criatura e alimentando, conseqüentemente, os mais variados distúrbios neurológicos, nos quais as fobias, as angústias e os pânicos terminam por emoldurarem as conhecidas síndromes psicopatológicas persistentes e de difícil resposta aos procedimentos terapêuticos em voga.

Esse grupo de auto-obsidiados faz da preocupação exagerada e do medo patológico a sua rotina de vida. E em meio à desgastante angústia experimentada, alimenta, de uma forma desequilibrada, o receio de doenças imaginárias, o receio infundado com o bem-estar dos filhos ou a idéia de que, a qualquer momento, perderão os seus bens materiais. Formam o imenso contingente de neuróticos crônicos, infelizes e sofredores por antecipação.

Tal eventualidade, além de identificada e bem avaliada pela equipe apométrica, deve motivar o próprio enfermo a uma análise judiciosa de seu comportamento inadequado diante das solicitações da vida.

É bem verdade que a sujeição a uma terapia espiritual globalizante — terapia que inclua desde os mais eficientes procedimentos desobsessivos até o emprego dos métodos sugestivos da psicopedagogia evangélica — serve para aliviar, e muito, a sintomatologia desgastante de qualquer patologia anímica e, ao mesmo tempo, estimular o indivíduo na busca incessante do reequilíbrio necessário ao seu bem--estar físico e espiritual.

O esforço individual na busca da tão sonhada vivência

evangélica aos poucos substituirá os comportamentos inadequados e as atitudes infelizes por novos padrões mais salutares e otimistas de comportamento.

As leis da apometria

1ª Lei: Lei do desdobramento espiritual
Toda vez que, em situação experimental ou normal, dermos uma ordem de comando a qualquer criatura humana, visando à separação de seu corpo espiritual (corpo astral) de seu corpo físico e, ao mesmo tempo, projetarmos sobre ela pulsos energéticos, através de uma contagem lenta, dar-se-á o desdobramento completo dessa criatura, conservando ela a sua consciência.

2ª Lei: Lei do acoplamento físico
Toda vez que se der um comando para que se reintegre no corpo físico o espírito de uma pessoa desdobrada (o comando acompanhando-se de contagem progressiva), dar-se-á imediato e completo acoplamento no corpo físico.

3ª Lei: Lei da ação à distância pelo espírito desdobrado
Toda vez que se ordenar ao espírito desdobrado do médium uma visita a lugar distante, fazendo com que esse comando se acompanhe de pulsos energéticos, através de contagem pausada, o espírito desdobrado obedecerá à ordem, conservando sua consciência e tendo percepção clara e completa do ambiente (espiritual ou não) para onde foi enviado.
Nota importante: Esta Lei é aplicada, de ordinário, em

sensitivos que conservam a vidência, quando desdobrados.

4ª Lei: Lei da formação dos campos de forças.

Toda vez que mentalizarmos a formação de uma barreira magnética por meio de impulsos energéticos, através de contagem, formar-se-ão campos de força de natureza magnética, circunscrevendo a região espacial visada na forma que o operador imaginou.

5ª Lei: Lei da revitalização dos médiuns.

Toda vez que tocarmos o corpo do médium (cabeça, mãos), mentalizando a transferência de nossa força vital acompanhada de contagem de pulsos, essa energia será transferida. O médium começará a recebê-la, sentindo-se revitalizado.

6ª Lei: Lei da condução do espírito desdobrado, de paciente encarnado, para os planos mais altos, em hospitais do astral.

Espíritos desdobrados de pacientes encarnados somente poderão subir a planos superiores do Astral se estiverem livres de peias magnéticas.

7ª Lei: Lei da ação dos espíritos desencarnados socorristas sobre os pacientes desdobrados.

Espíritos socorristas agem com muito mais facilidade sobre os enfermos se estes estiverem desdobrados, pois que uns e outros, dessa forma, se encontram na mesma dimensão espacial.

8ª Lei: Lei do ajustamento de sintonia vibratória dos espíritos desencarnados com o médium ou com outros espíritos desencarnados, ou de ajustamento da sintonia destes com o ambiente para onde, momentaneamente, forem enviados.

Pode-se fazer a ligação vibratória de espíritos desencarnados com médiuns ou entre espíritos desencarnados, bem como sintonizar esses espíritos com o meio onde forem colocados, para que percebam e sintam nitidamente a situação vibratória desses ambientes.

9ª Lei: Lei do deslocamento de um espírito no espaço e no tempo.
Se ordenarmos a um espírito incorporado a volta a determinada época do passado, acompanhando-a de emissão de pulsos energéticos, através de contagem, o espírito retorna no tempo à época do passado que lhe foi determinada.

10ª Lei: Lei da dissociação do espaço-tempo.
Se, por aceleração do fator tempo, colocarmos no futuro um espírito incorporado, sob comando de pulsos energéticos, ele sofre um salto quântico, caindo em região astral compatível com o seu campo vibratório e peso específico cármico (Km) negativo, ficando imediatamente sob a ação de toda a energia Km de que é portador.

11ª Lei: Lei da ação telúrica sobre os espíritos desencarnados que evitam a reencarnação.
Toda vez que um espírito desencarnado possuidor de mente e inteligência bastante fortes consegue resistir à Lei da Reencarnação, sustando a aplicação dela em si próprio, por largos períodos de tempo (para atender a interesses mesquinhos de poder e domínio de seres desencarnados e encarnados), começa a sofrer a atração da massa magnética planetária, sintonizando-se, em processo lento mas progressivo, com o planeta. Sofre apoucamento do padrão vibratório, porque o planeta exerce sobre ele uma ação destrutiva, deformante, que deteriora a forma do espírito e de tudo o que o cerca, em degradação lenta e inexorável.

12ª Lei: Lei do choque do tempo
Toda vez que levarmos ao passado um espírito desencarnado e incorporado em médium, fica ele sujeito a outra

equação de tempo. Nessa situação, cessa o desenrolar da seqüência do tempo tal como o conhecemos, ficando o fenômeno temporal atual (presente) sobreposto ao passado.

13ª Lei: Lei da influência dos espíritos desencarnados em sofrimento, vivendo ainda no passado, sobre o presente dos doentes obsidiados.

Enquanto houver espíritos em sofrimento no passado de um obsidiado, tratamentos de desobsessão não alcançarão pleno êxito, continuando o enfermo encarnado com períodos de melhora, seguidos por outros de profunda depressão ou de agitação psicomotora.

Algumas técnicas apométricas

A apometria tem consolidado e aperfeiçoado várias técnicas de tratamento espiritual ao longo do tempo. O objetivo desse trabalho é conceituar e listar algumas das várias técnicas e tratamentos aplicados aos corpos espirituais, não importando se encarnados ou desencarnados. Com o passar do tempo, os tratamentos têm-se modificado à medida que a Espiritualidade passa maiores conhecimentos aos vários grupos de pesquisa.

Reafirmando, o objetivo aqui não é o de congelar ou esgotar o conhecimento e assumi-lo como definitivo, e sim o de levar um mínimo de informações aos que buscam.

Desdobramento

É a aplicação da primeira lei da apometria, a Lei do Desdobramento Espiritual; a técnica é simples. Com o comando, emitem-se pulsos energéticos, através de contagem, em voz alta, tantos (e tantos números) quantos forem necessários. De modo geral, bastam sete, ou seja, contagem de um a sete.

Com essa técnica, obteremos a separação do corpo espiritual (corpo astral), de qualquer criatura humana, de seu corpo físico. Podemos, então, assistir os desencarnados na erraticidade com vantagens inestimáveis tanto para eles como para os encarnados que lhes sofrem as obsessões.

Com o auxílio dessa técnica, os corpos espirituais de encarnados também podem ser incorporados em médiuns, de modo a serem tratados espiritualmente inclusive serem enviados a hospitais astrais para tratamento.

Acoplamento do espírito desdobrado

É a aplicação da segunda lei da apometria, a Lei do Acoplamento Físico. Se o espírito da pessoa desdobrada estiver longe do corpo, comanda-se primeiramente a sua volta para perto do corpo físico. Em seguida, projetam-se impulsos (ou pulsos) energéticos, através de contagem, ao mesmo tempo que se comanda a reintegração no corpo físico.

Bastam sete a dez impulsos de energia (contagem de um a sete ou dez) para que se opere a reintegração.

Caso não seja completada a reintegração, a pessoa sente tonturas, mal-estar ou sensação de vazio que pode durar algumas horas. Via de regra, há reintegração espontânea em poucos minutos (mesmo sem comando); não existe o perigo de alguém permanecer desdobrado, pois o corpo físico exerce atração automática sobre o corpo astral. Apesar disso, não se deve deixar uma pessoa desdobrada, ou mesmo mal acoplada, para evitar ocorrência de indisposições de qualquer natureza, ainda que passageiras. Assim, ao menor sintoma de que o acoplamento não tenha sido perfeito, ou mesmo que se suspeite disso, convém repetir o comando de acoplamento e fazer nova contagem.

Dialimetria - Eteriatria

Dialimetria é uma forma de tratamento médico que conjuga energia magnética de origem mental (talvez em forma de "força vital") com energia de alta freqüência vibratória proveniente da imensidão cósmica, convenientemente moduladas e projetadas pela mente do operador sobre o paciente.

Para bem compreender em que consiste a dialimetria, basta considerar os estados da matéria. Em estado natural, por exemplo, a água é líquida: moléculas afastadas umas das outras e permitindo extrema mutabilidade de forma. Se congelada, solidifica-se: moléculas justapostas. Mas, evaporada por ação do calor transforma-se em gás; as moléculas se afastaram tanto que a água perdeu a forma.

Assim, o corpo ou a área visada se tornará plástico e maleável por alguns minutos; as moléculas se afastam umas das outras na medida da intensidade da energia que lhes foi projetada. O processo inicia no corpo etérico e, se empregada suficiente energia radiante, se refletirá no corpo físico.

Eteriatria é a técnica de tratamento do corpo etérico ou a medicina do corpo etérico, sua constituição, propriedades, fisiologia e inter-relações com o corpo físico e o astral. Assim como a medicina clássica trata do corpo físico, a eteriatria trata da dimensão energética (corpo etérico).

Mentaliza-se fortemente o corpo do enfermo, desejando fixamente a diminuição de sua coesão molecular, para receber tratamento energético adequado. "Coesão" é definida, genericamente, como a propriedade que os corpos têm de manter estável a sua forma, desde que não sujeitos à ação de forças deformantes. Resulta das forças atrativas entre moléculas, átomos ou íons que constituem a matéria. Faz-se contagem firme, em que os pulsos sejam pausados, porém carregados de energia. Repete-se a contagem duas, três vezes.

O corpo físico não acusa a menor mudança de forma, nem de textura. Mas o corpo etérico se torna mole, menos denso, pronto a receber tratamento. Sensitivos videntes logo registram o fenômeno, assim como os médicos desencarnados que estão tratando o doente (os médicos imediatamente se valem da nova situação para intervir mais profunda e facilmente no corpo astral e mesmo no etérico, tratando-os).

Ao mesmo tempo que interferimos, assim, na coesão molecular do corpo físico e do etérico, projetamos energia para dissolução das compactas massas de energia de baixa freqüência vibratória — quase sempre de coloração escura

— sobre o corpo etérico; energias estas que estão, muitas vezes, na raiz da enfermidade. Em seguida, aplicamos nas áreas lesadas energias vitalizantes, fazendo-as circular através dos tecidos por meio de passes magnéticos localizados, de pequena extensão. Nos processos mórbidos, a circulação da vitalidade ao longo do corpo fica comprometida, de modo mais ou menos semelhante ao do estado inflamatório dos tecidos, em que a linfa e a própria circulação sangüínea se estagnam, provocando dores, edemas e ingurgitamentos dos tecidos afetados. Uma vez dissociadas essas energias estagnantes (que aos videntes aparecem como nódoas escuras), os tecidos ficam mais permeáveis às energias vitalizadoras, que aceleram o processo da cura.

Pneumiatria

Assim como a psiquiatria trata da dimensão astral (alma), a Pneumiatria trata da dimensão do espírito; é a cura pelo próprio espírito (em grego, pneuma). Consiste na técnica de guiar o espírito em tratamento na busca do caminho nele próprio, fazendo com que procure e encontre o Cristo que reside dentro de si. A pneumiatria não pode, entretanto, ser usada em todos os desencarnados, pois só a partir de certo grau de harmonização é que será possível a sintonia com o Eu cósmico. Deverá ser aplicada somente naqueles que, não sendo vingativos, perversos, perseguidores contumazes ou magos negros, estejam já desligados de interesses materiais e possuam um pouco, pelo menos, de boa vontade.

Uma vez preparado o desencarnado e constatada sua disposição favorável, projetamos sobre ele um campo muito intenso de energias luminosas, principalmente sobre a cabeça, fazendo contagem pausada e mais prolongada (até 21 ou 33) em que empregamos toda a energia de nossa vontade para que ele seja arrebatado aos planos crísticos dentro dele próprio. Com uma ou duas tentativas, conseguiremos. O espírito costuma cair em êxtase, não querendo sair mais dessa situação luminosamente pura, de paz e de bem-estar jamais sonhados (e que só haveria de experimentar, normal e definitivamente, depois de longo processo evolutivo). Nesse estado de absoluta e indizível felicidade, pode acontecer que chore de alegria ou caia de joelhos, dando graças ao Senhor pelo que sente e vê.

Aproveitamos esses momentos para doutriná-lo. O que, aliás, agora é fácil: as palavras tornam-se vivas, indeléveis, de significação espiritualmente iluminada. Em seguida, faremos com que o espírito retorne ao seu estado vibratório normal. O êxtase haverá de ser, doravante, uma perene saudade nele. Vislumbre da meta, Luz inesquecível impressa em sua lembrança, há de firmá-lo a persistir no rumo da Luz.

Como se vê, a técnica consiste em elevar momentânea e artificialmente o estado vibratório do espírito, levando-o a níveis crísticos por ação de poderosos campos energéticos disparados pela mente do operador e, evidentemente, potencializados pelo mundo maior. Como se trata de situação artificial com fins de instrução e esclarecimento, só durará enquanto atuar a energia sustentadora; o espírito há de voltar ao seu estado natural mesmo sem interferência do operador.

Despolarização dos estímulos da memória

Enunciado: Toda vez que aplicarmos energias específicas de natureza magnética na área cerebral de espírito encarnado ou desencarnado com a finalidade de anularmos estímulos eletromagnéticos registrados nos "bancos da memória", os estímulos serão apagados por efeito de despolarização magnética neuronal e o paciente esquecerá o evento relativo aos estímulos.

Arma poderosa no tratamento de inúmeros focos de neuroses e psicoses. Em encarnados, observou-se que o evento perturbador não é completamente apagado, mas o paciente já não o sente mais como antes: o matiz emocional desapareceu. Despolarizada a mente, a criatura passa a não se importar mais com o acontecimento que tanto a mortificava. Acredita-se que isso acontece porque a imagem fica fortemente gravada no cérebro físico, cujo campo magnético remanente é muito forte, por demais intenso para que possa ser vencido em uma única aplicação. Já a emoção, que fica registrada no cérebro astral, é facilmente removida.

Na aplicação a desencarnados incorporados, a despolarização faz com que se salte para a encarnação anterior; é um fenômeno estranho, mas constante. Parece ser efeito do potente campo magnético do operador, que, por ser de natureza isotrópica, abrange de uma só vez a presente encarnação e a memória de outras, gravadas, de algum modo desconhecido em alguma dimensão do cérebro.

Colocadas as mãos espalmadas, com os braços paralelos, sobre o crânio do médium, ao longo dos hemisférios cerebrais, comandamos um forte pulso energético, contando: UM! Em seguida, trocamos a posição das mãos, de modo que fiquem nos hemisférios opostos aos de antes, cruzando os braços na altura dos antebraços, e projetamos outro pulso magnético, contando: DOIS! Voltamos à posição anterior e contamos: TRÊS! E assim por diante, sempre trocando a posição das mãos, até sete pulsos. A troca da posição das mãos é necessária. Cada mão representa um pólo magnético que deve ser invertido.

Despolarizado o espírito e trazido de volta ao presente, devemos encaminhá-lo a um hospital no Astral para que complete sua recuperação e possa se reintegrar, o mais rápido possível, em seus rumos evolutivos.

Essa técnica poderá não surtir resultado em espíritos mentalmente muito fortes, como os magos negros. Estes, tendo recebido iniciações em templos do passado, possuem ainda campos magnéticos que os tornam poderosos. Para eles, o procedimento é outro.

Vide também as técnicas de impregnação magnética mental com imagens positivas.

Técnicas de impregnação magnética mental com imagens positivas

A técnica da despolarização dos estímulos de memória dá resultados extraordinários. Já nos acostumamos a ver espíritos obsessores, espumantes de ódio contra sua vítima, desejando por todos os meios destruí-la e fazê-la sofrer, retornarem de uma despolarização totalmente calmos, e até negando, formalmente, conhecer a criatura que antes tanto demonstravam odiar. Todo um drama vivido, às vezes, durante séculos se apaga por completo da memória do espírito.

Antes de trazer o despolarizado de volta da encarnação em que se situou, costumamos impregnar seu cérebro, magneticamente, com idéias amoráveis, altruísticas, fraternas etc., usando a mesma técnica; só que agora visando a polarização. Para tanto, basta ter o cuidado de não trocar a posição das mãos: estamos polarizando o cérebro. Faz-se a contagem lentamente, expressando em voz alta a idéia a ser impressa na mente do desencarnado. Por exemplo:

Meu amigo, de agora em diante, serás um homem muito bom, amigo de todos ... UM! ... muito bom ... DOIS! ... amigo ... TRÊS! ... amigo ... QUATRO! ... bom ... CINCO! ... muito bom ... SEIS! ... sempre amigo e bom ... SETE! Em outro exemplo:

Meu caro, de agora em diante, serás muito trabalhador ...UM! ... muito trabalhador ... DOIS! ... responsável ... TRÊS! ... cumpridor de tuas obrigações ... QUATRO! ... trabalhador ... CINCO! ...muito trabalhador ... SEIS! ... SETE! E conforme o caso, poder-se-á imprimir:

... gostarás muito de tua família ..., ... serás feliz, muito feliz ..., ... serás uma pessoa alegre ... etc.

O tratamento de encarnados e desencarnados poderá ser seguida com a técnica: procuramos encontrar a encarnação em que desfrutaram de mais alegria, paz, felicidade, a fim de que, voltando, fiquem com recordação mais positiva possível. Se, submetidos a um tratamento que muitas vezes é dramático, eles caírem em encarnação cheia de tropeços dolorosos, fazemos nova despolarização até encontrarmos uma melhor. E, só então, trazemo-los de volta ao presente.

Técnicas de sintonia psíquica com os espíritos

É a técnica ditada pela oitava lei da apometria. Quando se quiser entrar em contato com um desencarnado de nível vibratório compatível com nosso estado evolutivo, presente no ambiente, projeta-se energia em forma de pulsos rítmicos, ao mesmo tempo que se comanda a ligação psíquica.

Por essa técnica, se estabelece a sintonia vibratória entre sensitivo e desencarnado, facilitando grandemente a comunicação. Ela abre canal sintônico entre a freqüência fundamental do médium e do espírito. Emitidos por contagem, os pulsos energéticos fazem variar a freqüência do sensitivo do mesmo modo como acontece nos receptores de rádio, quando giramos o dial (do capacitor variável), até estabelecer ressonância com a estação (fonte oscilante) que se deseja.

Se o espírito visitante tiver padrão vibratório muito baixo ou se estiver sofrendo muito, o médium baixa sua tônica vibratória ao nível da entidade e fica nessa situação até que ela se retire. Tão logo aconteça a desincorporação, devemos elevar o padrão vibratório do médium. Se isso não for feito, o sensitivo ficará ainda por algum tempo sofrendo as limitações que o espírito tinha, manifestando sensações de angústia, opressão, mal-estar etc., em tudo semelhante à da entidade manifestada.

Incorporação entre vivos

Através da técnica de desdobramento espiritual, os corpos espirituais do paciente encarnado poderão ser incorporados em médiuns de incorporação. Comanda-se o desdobramento do paciente e a abertura da freqüência em 360 graus do paciente, estabelecendo a sintonia vibratória dos médiuns.

Vide também desdobramento múltiplo.

As experiências realizadas mostram que os corpos espirituais possíveis de serem incorporados são: o corpo etérico, o corpo astral, os corpos mental inferior e superior. O corpo etérico tem a particularidade de não poder afastar-se em demasia do corpo físico, podendo permanecer no máximo de cinco a seis metros de distância; portanto, o paciente deverá estar presente ao atendimento. Quando o atendimento é realizado à distância, normalmente o corpo mental superior é atendido, porém, o corpo mais necessitado de ajuda será encaminhado pela espiritualidade superior para atendimento e incorporação.

Dissociação do espaço-tempo

Em trabalhos de desobsessão, muitas vezes, as circunstâncias fazem com que seja necessário levar espíritos rebeldes a confrontar-se com situações constrangedoras do passado ou do futuro, de modo a esclarecê-los. Esses nossos irmãos revoltados costumam não aceitar esse constrangimento, talvez porque não queiram se reconhecer como personagens dos dramas escabrosos que lhes são mostrados, avessos que são às admoestações, ainda que amoráveis. Nesses casos, procuramos fazer com que sintam o ambiente, isto é, entrem em ressonância com as vibrações opressivas que desencadearam no passado, para que possam compreender a desarmonia que geraram e suas conseqüências.

Esta é a décima lei da apometria, A Lei do Dissociação do Espaço-Tempo. Todos nós, temos uma carga cármica a resgatar, uma massa maléfica desarmônica que normalmente seria distribuída ao longo do tempo.

Observamos que um espírito, ao ser dissociado do espaço em que se encontra, através da aceleração do fator tempo, dá um verdadeiro salto quântico até que consegue instalar-se num espaço do futuro hostil (espaço freqüentemente ocupado por seres horrendos, compatíveis com a freqüência vibratória do recém-chegado viajante). A carga cármica a resgatar fica acumulada, toda ela e de uma só vez, sobre o espírito. Isso causa uma sensação de horrível opressão, de que começa a se queixar. Desse incômodo, mas momentâneo mal-estar, podemos nos servir, apresentando-os como provas das conseqüências dos seus atos e de sua repercussão negativa na harmonia cósmica.

A técnica é muito simples: projetamos energias magnéticas por pulsos rítmicos, e através de contagem, sobre o espírito incorporado, ao mesmo tempo que se lhe dá ordem de saltar para o futuro (Esta técnica só deve ser usada em espíritos desencarnados, visando esclarecê-los).

Devemos ter muito cuidado com o espírito durante esse encontro. Se o desligarmos do médium repentinamente, sem preparação, será literalmente esmagado pelo campo energético acumulado. Seu corpo sofrerá destruição, transformando-se em "ovóide". Para desligar o espírito do médium, devemos antes fazê-lo retornar lentamente para a época presente.

Regressão no espaço e no tempo

Nona lei da apometria: a Lei do Deslocamento de um Espírito no Espaço e no Tempo. Costumamos fazer o espírito regressar ao passado para mostrar-lhe suas vivências, suas vítimas, sua conduta cruel e outros eventos anteriores à existência atual, com o objetivo de esclarecê-lo sobre as leis da vida. Há ocasiões em que temos de lhe mostrar as injunções divinas que o obrigam a viver em companhia de desafetos para que aconteça a harmonização com eles, além de outras conseqüências benéficas à sua evolução. O conhecimento, aqui ou no plano espiritual, é Luz. Tão logo se esclarece sobre o funcionamento da Lei do Carma, qualquer sofredor desencarnado dá um passo decisivo em sua evolução, pois se elucidam suas dolorosas vivências passadas com todo o cortejo dos não menos dolorosos efeitos.

Também usamos essa técnica, e com grande proveito, para conduzir magos negros ao passado, a fim de anular os campos energéticos que receberam em cerimônias de iniciações em templos.

Logo que projetamos energias em forma de pulsos, por contagem, a sintonia se estabelece. E haverá de permanecer até que o campo vibratório se desfaça, por ordem do operador, com a volta da entidade ao presente. Quando isso ocorrer, nosso irmão revoltado se pacificará, completamente esclarecido. Não poderia ser de outra forma: a transformação espiritual é automática quando ele vê as cenas e sente-as, revivendo-as. A visão do encadeamento cármico implica iluminação instantânea.

Técnica de revitalização dos médiuns

Trata-se da quinta lei da apometria, a Lei da Revitalização dos Médiuns. Pensamos fortemente na transferência de energia vital de nosso corpo físico para o organismo físico do médium. Em seguida, tomamos as mãos do médium ou colocamos nossas mãos sobre sua cabeça, fazendo uma contagem lenta.

A cada número pronunciado, massa de energia vital, oriunda de nosso próprio metabolismo, é transferida de nosso corpo para o médium. Usamos essa técnica habitualmente depois dos passes magnéticos em pacientes muito desvitalizados. Ela nos permite trabalhar durante quatro ou cinco horas consecutivas, sem desgaste apreciável. De trinta em trinta minutos, costumamos transferir energias vitais para os médiuns que, desse modo, podem trabalhar sem dispêndio de forças.

Tratamentos especiais para magos negros

No atendimento às vítimas de magia negra, cuidado especial deverá ser dado aos campos negativos ligados a objetos físicos: cadáveres de animais ou de homens, bonecos de cera, pano ou qualquer outro material usado para vestuário, roupas, travesseiros e toda a sorte de materiais imanta-

dos. Esses campos devem ser desfeitos.
Há duas maneiras de fazer o "desmancho" desses campos de força adversos:
1 — Pela **destruição física dos objetos** a que estão ligados: queimando-os, por exemplo.
2 — Através do **"levantamento" desses campos, no astral**, retirando-os dos objetos a que estão ligados. Este processo pode ser feito à distância, utilizando-se da desmaterialização no Astral.

No "desmancho" à distância, costumamos projetar campos energéticos em forma de jatos de alta freqüência. Estes jatos desintegram, como se fossem de fogo, os campos de força negativos que imantam os objetos magiados.

Quanto às orações de encantamentos, bastante usadas pelos feiticeiros de todos os tempos, não é preciso preocupar-se muito com elas. Com a destruição dos campos magnéticos astrais dos amuletos e dos objetos usados no trabalho de magia negra, todos os encantamentos, fórmulas mágicas e orações se desativam automaticamente, ainda mais que são afastados os agentes e guardiões do malefício. Para anulação dos efeitos vibratórios de alta freqüência, eles envolvem o paciente e o protegem contra quaisquer resquícios da baixa freqüência de formas-pensamento emitidas pelo feiticeiro.

No entanto, a melhor vacina contra assédios e agressões trevosas é a condução da vítima de magia negra à prática do Evangelho (principalmente no lar) e à uma vida moralmente sadia e espiritualizada. A prática do amor e da caridade tornará a pessoa cada vez mais imunizada e protegida.

Tratamento de espíritos em templos do passado

Os conhecimentos eram transmitidos aos candidatos em templos iniciáticos; os grandes mestres transmitiam, além do conhecimento, a ética e a moral, o respeito, o amor e a caridade. Que vergonha maior seria encarar o mestre, depois de tanto errar!

Assim somos nós; com a distância dos mestres, fomos distorcendo os princípios aprendidos. Agindo em função do orgulho e da vaidade, torcemos o que havia de mais sagrado, condescendendo só um pouquinho de cada vez nas regras de conduta, aceitando uma lisonja, um agrado e mais tarde, exigindo e ordenando, perdemos cada vez mais. E como resolvemos adotar a regra "perdido por um, perdido por mil" na nossa distorção, afundamos ainda mais, conhecendo o lado mais negro e fundo do abismo.

Que ato maior poderia o mestre fazer, do que olhar os nossos olhos com tanto amor e piedade que nos reduziríamos a simples vermes, sabendo o quanto nos desviamos do caminho.

E, assim, os templos iniciáticos da Atlântida, do Egito, da Índia, dos druídas etc., podem ser invocados para que o mago seja levado até a presença do seu mestre iniciático e, dependendo do estado do mago, é necessário desmagnetizá-lo das iniciações que recebeu.

Utilização dos espíritos da natureza

Todos os reinos da natureza são povoados por seres vivos imateriais, que vivificam e guardam essas dimensões vibratórias que constituem seu "habitat". Em princípio, todos os espíritos da natureza podem ser utilizados pelos homens nas mais variadas tarefas espirituais, para fins úteis. Paracelso era o pseudônimo de Theophrastus Bombastus, químico e médico nascido na Suiça, em 1493, desencarnado em 1541, que criou a denominação classificatória dos elementais:

1 — *Elementais da terra* - Gnomos
2 — *Elementais da água* - Ondinas
3 — *Elementais do ar* - Silfos e Sílfides
4 — *Elementais do fogo* - Salamandras

E da Índia, China e Egito, complementam a lista com:
1 — *Elementais da terra* - Duendes
2 — *Elementais da água* - Sereias
3 — *Elementais do ar* - Fadas e Hamadríades

Ainda da umbanda, invocam-se representantes das sete linhas, dentre as quais; caboclos, pretos-velhos, índios, Iemanjá etc. Muitos "trabalhos" de magia negra são jogados no mar ou nos rios, dificultando a sua localização para o "desmanche". Nesses casos, pode-se invocar esses trabalhadores para que os localizem e os tragam, a fim de que se possa desfazer o malfeito.

Os espíritos da natureza — todos — são naturalmente puros. Não se contaminam com dúvidas dissociativas, egoísmo ou inveja, como acontece com os homens. Predominam, neles, inocência e ingenuidade cristalinas. Prontos a servir, acorrem solícitos ao nosso chamamento, desejosos de executar nossas ordens. Nunca, porém, devemos utilizá-los em tarefas menos dignas ou a serviço de interesses mesquinhos e aviltantes. Aquilo que fizerem de errado, enganados por nós, refluirá inevitavelmente em prejuízo de nós próprios (Lei do Carma). Além disso, devemos usá-los na justa medida da tarefa a executar, para que eles não se escravizem aos nossos caprichos e interesses. Nunca esqueçamos que eles são seres livres, que vivem na natureza e nela fazem sua evolução. Podemos convocá-los ao serviço do Amor; para o bem de nossos semelhantes, já que, com isso, lhes aceleramos a evolução. Mas é preciso respeitá-los, e muito! Se os usarmos como escravos, ficaremos responsáveis por seus destinos, mesmo porque eles não mais nos abandonarão, exigindo amparo e proteção como se fossem animaizinhos domésticos. Com isso, podem nos prejudicar, embora não se dêem conta disso.

As Leis Divinas devem ser observadas. Terminada a tarefa que lhes confiamos, cumpre liberá-los imediatamente, agradecendo a colaboração e pedindo a Jesus que os abençoe.

Esterilização espiritual do ambiente de trabalho

Se o ambiente estiver magneticamente muito pesado, procura-se cortar esses campos negativos com "vento solar", a fim de fragmentar e anular esses campos parasitas. Esse "vento solar" não é um vento propriamente dito, mas a emanação proveniente do Sol, de bilhões de partículas subatômicas, tais como prótons, neutrons, elétrons e infinidades de outras partículas animadas, de alta velocidade, que banham a Terra constantemente e que formam no hemisfério Norte as belíssimas auroras boreais, na alta estratosfera. Essa emanação dinâmica tem a propriedade de influir magneticamente nos campos de freqüência mais baixa, desfazendo-os.

A força do pensamento do operador treinado, dada a velocidade extremamente dinâmica, exerce ação poderosa sobre essas partículas, que se aglutinam sob a vontade dele, transformando-se em poderoso fluxo energético. Dessa forma, o operador tem poder de desintegrar o magnetismo parasita existente no ambiente e deve acompanhá-lo de contagem, em geral de sete a dez pulsos, cortando, fragmentando e desintegrando os campos parasitas negativos com "vento solar".

Vamos trabalhar dentro de uma pirâmide de proteção. Porém, antes de iniciar os trabalhos, devemos enchê-la de luz verde esterilizante, a fim de que nenhum microorganismo astral possa nos atacar. A contagem deve ser de sete pulsos.

Por fim, fazemos outro campo em forma de anel de aço ao redor da pirâmide, também de freqüência diferente.

Técnica de condução dos espíritos encarnados, desdobrados, para hospitais do astral

Esta é a sexta lei da apometria. Os espíritos desdobrados de pacientes encarnados somente poderão ter acesso aos hospitais do Astral se estiverem livres de peias magnéticas.

É comum desdobrar-se um paciente, a fim de conduzi-lo ao plano astral superior para tratamento em hospitais, e encontrá-lo, já fora do corpo, completamente envolvido em sudários aderidos ao seu corpo astral, como laços, amarras e toda a sorte de peias de natureza magnética, colocadas por obsessores interessados em prejudicá-lo.

Nesses casos, é necessária uma limpeza perfeita do corpo astral do paciente, o que pode ser feito de modo muito rápido pelos espíritos dos médiuns desdobrados. Se estes não puderem desfazer os nós ou não conseguirem retirar esses incômodos obstáculos, o trabalho será feito pelos socorristas que nos assistem.

Com freqüência, fornecemos energias aos médiuns desdobrados para que eles possam retirar do paciente essas peias e o material mais pesado. Lembramos que é sempre através de contagem que se transfere qualquer forma de energia. Insistimos: a contagem até sete (ou mais) nada tem

Apometria para Iniciantes 55

de místico, nem constitui ato mágico. Acontece que, geralmente, são suficientes sete ou dez impulsos energéticos.

Note-se que os passes magnéticos são ineficazes nesses casos, pois agem apenas sobre a aura do paciente, e mais no campo vibratório.

Diagnósticos psíquicos - Telemnese

Telemnese[1] ou diagnóstico à distância. Para esse tipo de trabalho, o médium poderá deslocar-se em desdobramento até o local de atendimento ou o espírito do paciente poderá ser desdobrado, deslocado e incorporado em um médium. Em um processo de atendimento à distância, as duas técnicas poderão ser utilizadas.

Imposição das mãos - Magnetização curativa

Método adaptado do livro *Passes e Radiações - Métodos Espíritas de Cura*, do autor Edgard Armond, Editora Aliança.

Passes materiais ou magnéticos são os aplicados pelos operadores encarnados, que a isso se dedicam. E consistem na transmissão, pelas mãos ou pelo sopro, de fluido animal do corpo físico do operador para o do doente. Sendo a maior parte das moléstias, desequilíbrios do ritmo normal das correntes vitais do organismo, os passes materiais tendem a normalizar esse ritmo ou despertar as energias dormentes, recolocando-as em circulação.

Podem ser aplicados por qualquer pessoa e até mesmo por materialistas, desde que possuam os conhecimentos necessários e capacidade de doar fluidos.

Obedecem a uma técnica determinada; feitos empiricamente por pessoa ignorante tornam-se prejudiciais, produzindo perturbações de várias naturezas.

Assim como sucede com toda a terapêutica natural, os

---

1 Telemnese - Do grego, *tele* quer dizer "ao longe", somando a *mnes* (ou *mnáomai*, *ômaí*), que significa "tipo ou condição de memória".

resultados do tratamento quase nunca são imediatos; muitas vezes só aparecem após prolongadas aplicações e perseverante esforço, antecedidas por crises mais ou menos intensas e quase sempre de aspectos imprevisíveis.

Nessa exposição, os passes se aplicam nas ajudas materiais, durante as quais, em muitos casos, os médiuns, sem perceber, doam também ectoplasma.

Passes espirituais são os realizados pelos espíritos desencarnados, através de médiuns, ou diretamente sobre o perispírito dos enfermos: o que se transfere para o necessitado não são mais fluidos animais de encarnados, mas outros, mais finos e mais puros do próprio espírito operante, ou dos planos invisíveis, captados no momento.

Note-se que nos passes espirituais, o espírito transmite uma combinação de fluidos, inclusive emanações de sua própria aura e o poderoso influxo de sua mente; elementos estes que, quando e espírito é de elevada categoria, possui grande poder curativo, muito diferente e muito melhor que o que possui o magnetizador encarnado.

Cura das lesões no corpo astral dos espíritos desencarnados

É preciso cultivar a chama divina do Amor, através da prática da caridade. A caridade se transforma, naturalmente, em Fraternidade Universal e a paz virá consolidar a conscientização do Amor e da disposição em servir. Servir não por obrigação, imposição, preceito ou conveniência, mas por puro amor e gratidão à vida e à Luz do mundo nela contida; servir bem-aventurada e humildemente não só os irmãos ao nosso lado, mas também os outros, do lado de lá.

Os mortos também sofrem; também têm dores; doenças que são reflexos vivos das dores; sofrimentos e doenças físicas que enfrentaram, quando vivos. Não tendo, desencarnados, condições energéticas que lhes permitam ultrapassar esse estado não podem sair dele e de suas angústias.

Mas nós podemos ajudá-los, fornecendo-lhes as energias de que necessitam para que gozem também do alívio das dores e de paz de espírito. É preciso não esquecer que eles vivem. Vivem! E nós, na margem de cá do rio da vida, devemos lhes estender a nossa caridade, já que podemos curá-los e consolá-los quase que instantaneamente.

Quando operamos no mundo de energia livre do Astral, com nossa mente vibrando nessa dimensão, torna-se extremamente fácil projetar energias curativas. Como o espírito não tem mais o corpo material, a harmonização de seus tecidos requer menos energia. Um caudal suficientemente forte há de inundá-lo em todas as suas fibras, com completo e instantâneo aproveitamento.

Em instantes se reconstituem membros amputados, lesões graves, órgãos extirpados e males mais profundos que, por vezes, vêm acompanhando o irmão desencarnado há várias encarnações.

Ao nos depararmos com um desses infelizes, com sinais de grande sofrimento, projetamos sobre ele toda a nossa vontade em curá-lo. Colocamo-lo no campo de nosso intenso desejo de que seus males sejam curados, suas dores acalmadas, ou seus membros reconstituídos. Enquanto falamos com o espírito, vamos insistindo em que ele vai ficar curado. Ao mesmo tempo, projetamos energias cósmicas, condensadas pela força da nossa mente, nas áreas lesadas. Isso é fácil, já que, estando ele incorporado em um médium, basta projetar as energias sobre o corpo do sensitivo, contando pausadamente até sete. Repete-se a operação tantas vezes quantas necessárias; em média, com uma ou duas vezes se atinge o objetivo.

Esse mesmo tratamento pode ser aplicado diretamente em todos os espíritos presentes às sessões, mesmo que não estejam incorporados em médiuns. Projetadas as energias, todos ficam curados. Temos condições, assim, de tratar de uma só vez (e em poucos segundos) grandes multidões de espíritos sofredores.

Cirurgias astrais

Recentemente, um médium queixou-se de uma dor no baixo ventre, que aparentava ser uma hérnia em estágio inicial. Durante a sessão, após o desdobramento, foi utilizada nele a técnica de dialimetria. No momento em que isso acontecia, outra médium relatava uma cirurgia espiritual que acontecia numa clareira de uma densa floresta. Ali, médicos presentes e vários enteais[2] atuavam sobre um paciente que fora deitado sobre folhas. Na semana seguinte, o médium que recebeu a graça contou que havia sentido um certo incômodo no local e a dor que sentia antes havia diminuído muito, era como se tivesse recebido um corte de aproximadamente dez centímetros. Na segunda semana, relatou que a dor tinha sumido completamente e que se considerava restabelecido. A cobertura espiritual é importantíssima para que os processos ocorram naturalmente.

Técnica de destruição de bases astrais maléficas

No mundo espiritual, principalmente em zonas inferiores do umbral, proliferam grandes colônias organizadas por poderosos magos das trevas. Eles aprisionam grande número de criaturas desencarnadas, tornando-as escravas, em típica obsessão. Pela assombrosa quantidade de prisioneiros nessas condições, como temos visto em nossos trabalhos espirituais, acreditamos que a obsessão entre desencarnados seja a que mais vítimas faz, no planeta.

No umbral, as bases ou colônias são plasmadas de forma a criar ou recriar templos iniciáticos, prostíbulos, cidades inteiras da Antigüidade, em cavernas, vales ou planícies, laboratórios químicos e eletrônicos, prisões, porões e toda a sorte de locais de diversões, antros de jogos, perversões, vícios, malefícios e horrores. Muitos desses lugares estão

---
2 Enteais - Espíritos da natureza; elementais.

ligados vibratoriamente a locais que realmente existem na matéria, de tal modo que encarnados e desencarnados convivem na mesma vibração onde os desencarnados sugam as energias dos encarnados.

Quando da destruição de colônias e bases dirigidas pelas trevas, é necessário, antes, resgatar os escravos. Para tanto, convém mobilizar suficiente número de auxiliares desencarnados e formar poderosos campos de força magnéticos para neutralizar a guarda dessas tenebrosas organizações.

Um campo de força piramidal enquadra toda a base; limpam-se as vibrações magnetizantes com uma chuva de água crística; cura-se e resgatam-se os irmãos; desfaz-se o que foi plasmado, podendo-se utilizar tratamento com cores e luzes, energias do Sol e das estrelas; pede-se aos elementais que plantem árvores, flores e frutos naquele local e um riacho de água limpa e fresca. Dessa forma, vibrações harmônicas passam a agir em todo o ambiente.

Técnica de inversão dos "spins" dos elétrons do corpo astral de desencarnados

Vide "Física Quântica Aplicada à Apometria"

Cromoterapia no plano astral

Cromoterapia é a aplicação de cores na terapia humana. É um método de tratamento muito desenvolvido entre nós. Embora não sendo especialistas nessa técnica terapêutica, observamos que a simples aplicação das cores nos tratamentos mostrava-se de ação muito fraca. Parecia que a sua ação ampliava-se positivamente se fosse aplicada como fruto da mente do operador, isto é, de forma invisível, agindo apenas no Astral; técnica também denominada de Cromoterapia Mental.

Há cerca de dez anos, um médico desencarnado japonês informou-nos que trabalhávamos com muito pouca energia quando aplicávamos apenas as cores físicas. Deixou-nos um exemplo: determinou que imaginássemos um campo banhado por intensa luz índigo, com matizes de carmim. Em seguida, mandou que projetássemos essa luz sobre um grupo de espíritos de baixo nível vibratório, quase todos obsessores, galhofeiros e parasitas. O efeito foi surpreendente: todos, sem exceção, transformaram-se instantaneamente em estátuas, nas posições em que se encontravam. Assemelhavam-se a estátuas de sal, como a mulher de Lot de que nos fala a Bíblia.

Dessa forma, tornaram-se fáceis de serem removidos para lugares de tratamento ou ambientes compatíveis com seu grau evolutivo. Temos observado o efeito da combinação de cores, sob comando mental, sobre espíritos desencarnados e também em encarnados.

Apresentamos algumas combinações de cores que estamos estudando:

1 — Índigo + carmim = imobilização instantânea dos espíritos que se tornam como "estátuas de sal".

2 — Prata + violeta = elimina todo o poder mental dos magos.

3 — Prata + laranja = para tratamento dos pulmões, vias aéreas superiores e asma.

4 — Lilás + azul esverdeado = aplicado em ginecologia, em fibromiomas.

5 — Dourado + laranja + amarelo = debela crises de angústia.

6 — Branco resplandecente = usado na limpeza.

7 — Verde efervescente = limpeza de aderências pesadas dos espíritos desencarnados.

8 — Disco azul = energização e eliminação das trevas.

9 — Vermelho + laranja + amarelo = representa o fogo, usado para o domínio da mente.

10 — Prata + azul claro em cambiantes até lilás ou azul-turqueza = úlceras.

11 — Azul + verde + laranja = úlcera duodenal.

12 — Roxo = energização.

Apometria para Iniciantes 61

13 — Amarelo até laranja claro = dores em geral.
14 — Prata + violeta + laranja + azul = câncer.
15 — Branco Cristalino = limpa e purifica.
16 — Violeta intenso = transmuta, regenera e recompõe.
17 — Lilás = desintegra a energia densa provinda de sentimentos e ações negativas.
18 — Verde escuro = cicatrizante.
19 — Verde claro = desinfecciona e esteriliza.
20 — Azul claro médio = acalma e tranqüiliza.
21 — Amarelo = energizante, tônico e vitamina para o corpo e o espírito.
22 — Verde limão = limpeza e desobstrução dos cordões.
23 — Rosa = cor da Fraternidade e do Amor Incondicional do Mestre Jesus.
24 — Laranja = símbolo da energia, aura, saúde, vitalidade e eliminador de gorduras do sangue.
25 — Prata = desintegra aparelhos e "trabalhos", corrige polaridade dos níveis de consciência.
26 — Dourado = cor da divindade, fortalece as ligações com o Cristo.
27 — Índigo = anestesiante; provoca intensa sonolência no espírito.

Campos de força: tetraédricos, gravitacionais

Aplicação da quarta lei da apometria, a Lei da Formação dos Campos de Força: formam-se campos de força com as formas que quisermos. Habitualmente, usamos a forma piramidal de base quadrangular, da mesma forma que a pirâmide de Quéops, do Egito. Esta pirâmide, que é um campo magnético perfeitamente definido, deve ser maior do que a casa onde trabalhamos, pois deve englobá-la inteiramente. Se a construção for grande demais, podemos circular somente a sala onde operamos.

Para facilitar a tarefa, costumamos pronunciar pausadamente, e em voz alta, as primeiras letras do alfabeto grego,

Duas pirâmides sobrepostas pelas bases:
inferior, na cor rubi
superior, na cor azul

Cruz crística sobre a pirâmide superior (rubi)
Esfera metalizada e magnética
Anel de aço magnético
Luz verde esterilizante
Vento solar

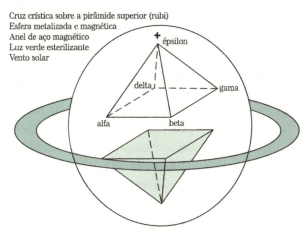

Formação dos Campos de Força

que limitam o campo a ser formado e correspondem aos vértices da pirâmide: a (alfa), b (beta), g (gama), d (delta), e (épsilon), referindo-se cada letra a um vértice da pirâmide. Observação: quando usamos a terminologia grega, sempre estamos nos referindo à formação de campos de força, em qualquer situação.

Alternativamente podemos criar duas pirâmides, unidas por suas bases; uma pirâmide inferior e outra pirâmide superior. Pode-se criar cores em cada uma das pirâmides. Aconselhamos vermelho rubi para a pirâmide inferior e azul para a superior, ou utilizar matérias-primas como laser ou elétricas para aumentar o grau de proteção. No topo da pirâmide superior, imaginar o símbolo crístico do trabalho, a cruz rubi ou azul.

Cones, esferas, malhas, tapetes, anéis ou círculos nas mais diversas texturas, normalmente brilhantes e metálicas, magnetizadas ou mesmo espelhadas, podem ser combinadas com as pirâmides, constituindo barreiras que impedem a passagem de seres de baixo nível vibracional. Esses campos de força são utilizados para isolar obsessores e também podem ser deslocados no tempo e no espaço com finalidade terapêutica. Por exemplo: enquadrando um obsessor numa pirâmide, isolando-o, cortando as suas ligações e alimentações, desenergizando-o e, finalmente, pedindo que a pirâmide toda seja elevada aos planos superiores para tratamento.

Viagens astrais sob comando

Advertência inicial: As técnicas apométricas não se aplicam ao "turismo astral", pois fora da caridade não há salvação. Portanto, muito cuidado ao se deixarem levar pela vaidade! A maioria de nós, participou de rituais de magia em escolas iniciáticas; portanto, o sentido de investigação do passado ainda é bastante forte para nos conduzir a buscas infindáveis que nos estimulam o orgulho e a vaidade, e estas são portas abertas para o assédio do nosso lado negro. Por isso, enfatizamos: todo trabalho de pesquisa que for aberto sem levar em conta o amor e a caridade estará abrindo as portas aos mais trevosos e sutis obsessores e às suas falanges.

A terceira lei da apometria, a Lei da Ação à Distância pelo Espírito Desdobrado é aplicada da seguinte maneira: ordena-se ao médium desdobrado a visita a determinado lugar, ao mesmo tempo em que se emite energia com contagem lenta. Ele se desloca seguindo os pulsos da contagem até atingir o local estabelecido. Como permanece com a visão psíquica, incluindo a eventual ação de espíritos sobre encarnados, esse tipo de desdobramento exige certos cuidados com o corpo físico do médium, que deve ficar em repouso, evitando-se até mesmo que seja tocado.

As técnicas apométricas possibilitam explorar e investigar o plano astral com bastante facilidade. Não dá condições, é evidente, de nos aprofundarmos até abismos trevosos do interior do planeta, nem nos permite a ascensão a píncaros espirituais. Devemos estar sempre assistidos espiritualmente pelo mundo maior e imbuídos de caridade ao intentarmos tais projetos.

Arquecriptognosia

A palavra tem origem no grego e significa "conhecimento de algo antigo e escondido (no tempo)". Diz respeito, mais precisamente, ao desvendamento de textos antigos, de passado remoto, já desaparecidos na voragem das eras.

Ao atender uma paciente, em 1980, as videntes perceberam hieróglifos num túmulo de pedras em pleno deserto, a inscrição dizia "Todo aquele que ultrapassar os limites do seu destino terá um porvir tempestuoso".

Era a época de Ramsés III (1197 - 1165 a.C). Uma linda jovem vivia em miserável cabana de pescadores. Certo dia, a barca do faraó passava lentamente pelo local. O soberano, impressionado com sua beleza selvagem, ordenou que a levassem para o seu harém. Diante da nova situação, a jovem deixou-se consumir pelo egoísmo. Foi visitar a sua aldeola, mostrando todo o poder que agora possuía. Acompanhada de alguns soldados, castigou antigos inimigos de rixas sem importância, queimando-lhes as choças e espalhando o medo. Continuamente agindo daquela maneira, o tempo passou e os desafetos amaldiçoavam-na com ódio cada vez mais intenso. Um dia ela desencarnou. Os sacerdotes que há tempos observavam a sua má conduta, fizeram a inscrição tão terrível em seu túmulo.

Os atos violentos que praticara caracterizavam o abuso de poder para infligir dor e desassossego, ultrapassando os limites do seu destino. Todo o mal que semeara estava voltando ao redor da paciente, como viva força negativa, exatamente como advertem as Sagradas Escrituras: "Sabeis que vossos pecados vos encontrarão".

Provavelmente, grande parte da desarmonia provocada, ela já tivera chance de resgatar, em encarnações anteriores. Um tanto, ainda restava e que agora a assediava.

Como tratamento, a paciente foi envolta em campos vibratórios positivos. Por despolarização dos estímulos de memória, foram apagadas as lembranças angustiosas do passado, para que não sintonizasse pela ressonância vibratória.

Foi aconselhada a seguir os preceitos evangélicos, mantendo pensamentos positivos e vigilância constante. Com o passes, tempo e evangelização, a sua paz foi restabelecida. Dívidas cármicas só se pagam com amor, através da prática da caridade e dedicação ao bem.

Essa foi a abertura para posteriores investigações históricas, vasculhando riquezas culturais e históricas do passado longínquo em busca de tesouros de sabedoria.

"O Bem e o Mal caminham juntos, quem andar por um dos caminhos dificilmente trilhará o outro." Inscrição num templo de Karnac (1500 a.C).

Diatetesterapia - Micro-organizadores Florais

Em grego, organizar significa "diatetes". No campo da medicina, criamos um capítulo novo, baseado neste termo, a diatetesterapia. É muito ativo, quando aliado à despolarização da memória.

Extraído de *A aplicação dos diatetes ou organizadores* do autor Cairo Bueno de Camargo - Trabalho apresentado no III Congresso Brasileiro de Apometria, em Lages, Santa Catarina:

Diatetes ou organizadores são equipamentos auxiliares de cura criados no mundo superior e empregados com ajuda de médiuns em pacientes necessitados, podem obter seus efeitos tanto no corpo espiritual como no corpo físico. São agentes curadores que se localizam no bulbo do corpo espiritual colocados por mãos caridosas num somatório de energia animal do médium e da energia espiritual que, condensadas, fixam os aparelhos no ser que deles necessita. São aconselhados em todos os casos em que a medicina sideral constatar desarmonia entre o corpo físico e os corpos espirituais, por carência energética de qualquer desses corpos.

Sua atuação se dá através de injeção energética, aos moldes da homeopática, no corpo necessitado, que irá absorver aos poucos a energia; por isso a demora que em alguns casos pode chegar a vários anos em atividade (até 16 anos).

Pode ocorrer uma sintonia tão perfeita entre o corpo carente e o organizador que a energia é como que sugada em pouco tempo fazendo com que o aparelho não mais necessite ser usado, caindo automaticamente do local aplicado, às vezes em poucas horas.

A diferença de tempo na cura está diretamente ligada ao proceder do necessitado, isto é, de acordo com sua fé e sua maior ou menor elevação espiritual, somada ao seu desejo íntimo de se tornar um homem de bem e praticante da caridade.

Podem se apresentar ao vidente, em cores que variam, inclusive na intensidade, de acordo com a necessidade do paciente a ser aplicado. Serão de muita utilidade na medicina moderna e nada impede a aplicação simultânea de um ou mais Organizadores de uma só vez num só paciente.

Muitas equipes mediúnicas vêm adotando os Organizadores; só que a maioria desconhece que os mentores espirituais colocam em suas mãos tais aparelhos. Os médiuns, então, deles se utilzam em trabalho sem saber e muito menos sem conhecer sua técnica.

Esses equipamentos possuem formatos, cores e intensidades dos mais diversos, servindo à semelhança dos remédios florais e homeopáticos, às mais diferentes finalidades e doenças atuando de modo sutil a partir dos corpos espirituais, até atingir o corpo físico.

Aparelhos criados por forças do mal, semelhantes aos organizadores, também são empregados contra o homem por magos negros, com a finalidade de produzir doenças, perturbações mentais ou simplesmente para tornarem a pessoa dócil e passiva, manipulada à vontade por tais entidades. Esses aparelhos são colocados também no bulbo do corpo espiritual, mas, em grande parte, em determinados pontos do cérebro humano. A vidência mediúnica nas casas espíritas detecta com precisão a localização e o formato de tais aparelhos danosos que, com muito amor e cuidado, podem ser retirados, anulando seus efeitos, e destruídos.

Vide "Classificação didática dos distúrbios espirituais - Síndrome dos aparelhos parasitas no corpo astral".

Física

Denomina-se física a ciência que tem por objetivo o estudo das propriedades da matéria, bem como as leis que tendem a modificar seus estados ou seus movimentos sem modificar sua natureza.

Divisão da física

Com o progresso da ciência, o termo física já não consegue definir, nem mesmo abranger, todas as propriedades gerais da matéria. Em função disso, utiliza-se a denominação ciências físicas compreendendo diversos e importantes ramos entre os quais, a física quântica.

Fenômenos físicos

De acordo com a conceituação tradicional, as propriedades gerais da matéria, portanto o objeto de estudo das ciências físicas, são reveladas por intermédio dos órgãos dos sentidos. Assim, a visão nos permite avaliar a forma e a coloração dos corpos, bem como seu deslocamento; a audição nos fornece as sensações motoras; o tato permite a determinação da pressão e da temperatura, e assim por diante.

Todas as propriedades da matéria podem sofrer modificações que são denominadas fenômenos físicos. Dessa maneira, a queda de um objeto, a movimentação da água ou a trajetória de um raio luminoso, independentemente da natureza da luz, são exemplos de fenômenos que modificam apenas o aspecto exterior dos corpos sem alterar sua essência química. Os exemplos citados são, portanto, de fenômenos físicos e seu estudo pertence às ciências físicas. Diferentemente dos fenômenos mencionados, quando a essência da matéria, ou a substância que a compõe, transforma-se em outra, temos um fenômeno químico; por exemplo, a combustão do fósforo transformando-o em carvão.

Ramos da física

As ciências físicas podem, de forma simplificada, ser subdivididas em sete disciplinas:
- Mecânica (estática, cinemática e dinâmica)
- Acústica
- Ótica
- Eletricidade
- Termologia
- Geofísica
- Física atômica e nuclear

Física atômica e nuclear

Este ramo da Física foi o precursor da física quântica. A física atômica estuda os fenômenos associados ao átomo, enquanto a física nuclear se detém especificamente nos fenômenos associados ao núcleo do átomo. Utiliza-se também a denominação microfísica para designar esse importante ramo das ciências físicas que vem revolucionando os conceitos clássicos do conhecimento científico. As descobertas de Einstein, com a conseqüente Teoria da Relatividade, passaram a demonstrar não mais um universo físico, mas um universo energético.

Os fenômenos da física nuclear, desde a transformação da matéria em energia aos demais fenômenos decorrentes, exigiram o aparecimento de novas concepções físicas. Surgiu, então, a mecânica quântica, que tem por finalidade investigar a dualidade onda-corpúsculo ou matéria e energia.

Tornou-se evidente, para as ciências físicas, que certos fenômenos ocorrem pelo fato de a matéria, em determinados momentos, se expressar como onda e em outros como corpúsculo; ora é energia ora é matéria densa. Assim, a natureza ondulatória da luz explicaria a propagação das ondas de Raio X, enquanto que a natureza corpuscular dessa mesma luz explicaria os fenômenos do efeito fotoelétrico.

Física quântica

A física tradicional teve em Isaac Newton sua base fundamental. O paradigma mecanicista que, de forma popular, foi representado pela queda da maçã da árvore, observada e estudada por Newton, levando-o a enunciar a Lei da Gravitação Universal (Lei da Gravidade), abriu as portas para o desenvolvimento das ciências físicas.

No crepúsculo do segundo milênio, em 1900, Max Planck promoveu o início da revolução na física enunciando a "Teoria dos Quanta".

"Quanta" é uma palavra latina, plural de "quantum". Os "quanta" são pacotes de energia associados a radiações eletromagnéticas. Max Planck, prêmio Nóbel de Física em 1918, descobriu que a emissão da radiação é feita por pequenos blocos ou "pacotes" de energia descontínuos.

A descontinuidade da emissão das radiações rompeu com o determinismo matemático e absoluto da física clássica. Surgiu, então, o determinismo das probabilidades e estatístico.

Cinco anos depois, em 1905, Albert Einstein enunciou a Teoria da Relatividade, cujo resultado foi a destronização do pensamento mecanicista positivista (materialista) e a introdução de novas concepções que, em muitos aspectos, aproximam-se da metafísica e da visão espiritualista.

Em função das descobertas de Max Planck e, sobretudo, a partir da Teoria da Relatividade, o Universo que vivemos deixa de ser tridimensional (comprimento, largura e altura), passando a apresentar outras possibilidades de dimensões não detectadas pelos sentidos físicos, bem como outras possibilidades de concepção de tempo.

Johann Carl Friedrich Zollner, na obra *Física Transcendental*, aborda com muita propriedade os temas quarta dimensão e hiperespaço, referindo-se a experiências realizadas em Leipzig, na Alemanha. No mencionado livro, Zollner comenta a possibilidade de um objeto efetuar a passagem para outra dimensão, desaparecendo dos olhos do observador, e retornar às dimensões convencionais, voltando a ser percebido pelos órgãos visuais.

Vejamos algumas noções sobre espaço e dimensões:

Ao avaliarmos a extensão de um determinado espaço, de uma reta, por exemplo, utilizamos uma escala rígida como uma régua. Se a reta for maior que a régua, procuraremos verificar quantas vezes a régua cabe na extensão da reta. Estamos assim avaliando um elemento de apenas uma dimensão. A reta possui somente comprimento; não possui as outras dimensões, largura e altura.

Quando falamos em uma linha reta, podemos representá-la por um traço, ou seja, uma sucessão de pontos sobre uma superfície plana. Mas, na realidade, o traço, por mais fino que seja, nunca será apenas uma linha, pois terá mais de uma dimensão, a largura do traço, por exemplo. Entretanto, nós não lembramos dessa realidade; representamos a reta como uma linha, ignorando a outra dimensão que é a sua largura.

O fato de ignorarmos a largura de uma reta não torna menos real a sua existência. Assim, também representamos uma linha reta como uma sucessão de pontos que a compõem. Os pontos estariam situados rigorosamente em uma única direção. Podemos conceber, contudo, que a linha não goze dessa propriedade. É possível imaginar uma linha onde seus pontos mudem de direção imperceptivelmente. O espaço linear seria, então, encurvado; e do encurtamento da linha unidimensional (comprimento) surge o plano bidimensional (comprimento e largura). A idéia de um arame fino retorcido dá-nos a imagem de como se obtém a segunda dimensão a partir do encurvamento da primeira.

Da mesma forma, um plano bidimensional constituído de comprimento e largura, que representaríamos por uma face polida de uma lâmina de metal, igualmente pode ser encurvado. Ao efetuarmos o encurvamento, obrigaremos a superfície a ocupar um espaço de três dimensões. Surge, assim, o espaço tridimensional físico em que vivemos: comprimento, largura e altura.

Da mesma forma como é possível encurvar a linha e o plano, os físicos admitem ser viável, outrossim, encurvar o nosso espaço tridimensional onde vivemos. Afinal, seria nosso espaço físico uma exceção? Ou o limite do Universo? Por que estaria isento de curvatura? Em outras palavras: estaríamos no limite dimensional da série de espaços reais possíveis? Em função disso, pesquisadores admitem não só existir a quarta dimensão, mas "n" dimensões, ou infinitas dimensões no Universo.

A compreensão de seres quadridimensionais só poderá estabelecer-se através de uma analogia. Podemos ter uma idéia aproximada de como seriam os objetos ou os seres de um mundo imaginário de quatro dimensões, comparando as propriedades dos objetos de duas dimensões, com os de três dimensões.

Façamos um exercício:

Suponhamos a existência de seres pensantes, habitantes de um mundo plano (bidimensional); tanto os referidos "planianos" quanto o seu "mundo superficial" teriam duas dimensões, comprimento e largura, e viveriam como nossa sombra junto ao solo.

Um "planiano" jamais poderia suspeitar, à simples vista de seu contorno, que fosse possível a existência de seres reais, como nós, que possuem três dimensões.

Assim como já vivemos em época na qual se imaginava ser a Terra um orbe plano e depois descobriu-se ser ela arredondada, analogamente, até o advento da Teoria da Relatividade, afirmava-se que o espaço físico era isento de curvaturas (euclidiano). Considera-se, atualmente, a possibilidade do espaço ser encurvado formando imensa figura cósmica tetradimensional. Admite-se, pois, de conformidade com a Física moderna, a possibilidade de espaços paralelos e

Universos paralelos. Por que não, a existência de seres vivendo paralelamente ao nosso mundo? Einstein admite o encurvamento do "continuum espaço-tempo". Sua teoria vem sendo desenvolvida gradativamente pelos físicos da novíssima geração, que consideram ser possível chegar aos componentes últimos da matéria através de micro-curvaturas do espaço-tempo. O conjunto de conhecimentos acerca da Lei da Gravidade desenvolvido nos moldes da Teoria de Einstein gerou a geometrodinâmica quântica. Através dessa nova disciplina científica, a física quântica se refere aos *miniblackholes* (mini-buracos negros) e *miniwhiteholes* (mini-buracos brancos), onde um ser ou um objeto pode surgir ou desaparecer do "*continuum* espaço-tempo".

A realidade fundamental das nossas dimensões, conforme esse modelo, é figurada como "um tapete de espuma espalhada sobre uma superfície ligeiramente ondulada", onde as constantes mudanças microscópicas na espuma equivalem às flutuações quânticas. As bolhas de espuma, conforme se refere John Wheeler na obra *Superspace and Quantum Geometrodynamics*, página 264, são formadas pelos mini-buracos negros e mini-buracos brancos, que surgem e desaparecem (como bolhas de espuma de sabão) na geometria do "continuum espaço-tempo". Os mencionados mini-buracos negros e brancos seriam, portanto, portas para outras dimensões do Universo. Através deles, seres aparecem ou desaparecem passando a não mais existir em uma dimensão e existindo em outra dimensão do Universo.

Os mini-buracos brancos e negros são, para os físicos, formados por luz autocapturada gravitacionalmente. Embora nos pareça difícil compreender essas elucubrações da Física Quântica, a partir delas os cientistas estão começando a introduzir um novo conceito, o da consciência pura; não como uma entidade psicológica, adverte-nos o parapsicólogo Hernani Guimarães Andrade, mas sim como uma realidade física. Ao considerar a existência de uma consciência, na visão do Universo segundo o modelo que criaram, aproximam-se das questões espirituais.

Diversos físicos modernos passaram, no momento atual, a se interessar por conhecimentos esotéricos e filosofias orientais. Consideram eles, ser surpreendente a semelhança dos conceitos filosóficos da sabedoria milenar do Oriente com as conclusões da física quântica.

A nova física está chegando a conclusão de que existem outras vias de acesso ao conhecimento, além dos métodos da atual ciência. Há evidências de que nossa mente, em certas circunstâncias, consegue desprender-se das amarras do corpo biológico e sair por aí em um corpo não desta dimensão, mas tão real quanto o nosso, o corpo astral.

Nesse novo estado, há possibilidade de a consciência individual integrar-se com a consciência cósmica e aprender diretamente certas verdades, certos conhecimentos que podem também serem adquiridos normalmente, mas somente após exaustivos processos experimentais e racionais usados pela ciência.

Dr. Fritjof Capra, pesquisador em física teórica das altas-energias no laboratório de Berkeley e conferencista da Universidade da Califórnia, em Berkeley, Estados Unidos, escreveu os livros *O Tao da Física*, *O Ponto de Mutação* e *Sabedoria Incomum*. Nessas obras, o eminente físico traça um paralelo importante entre a sabedoria oriental e a moderna física. Ele admite que a exploração do mundo subatômico revelou uma limitação das idéias clássicas da ciência. Considera, aprofundando suas reflexões a esse respeito, ser o momento da revisão de seus conceitos básicos. A antiga visão mecanicista já cumpriu sua função e deve ceder lugar a novos conceitos de matéria, espaço, tempo e causalidade.

Fritjof Capra indica como um dos melhores modelos da realidade, aquele que é chamado de *bootstrap* pelos físicos. Traduzindo em termos compreensíveis para nós, equivale dizer que a existência de cada objeto, seja um átomo ou uma partícula, está na rigorosa dependência da existência de todos os demais objetos do Universo. Qualquer um deles jamais poderia ter realidade própria se todos os objetos não existissem. Há uma identificação com os princípios holísticos nessa assertiva.

O modelo proposto pelos físicos é resultante do fato destes cientistas, assim como os meditadores do Oriente, terem chegado a mesma conclusão:

A matéria em sua constituição básica é simplesmente uma ilusão, ou *maya*, como dizem os budistas. A aparente substancialidade da matéria decorre do movimento relativo criador de formas.

Se a matéria é uma ilusão, certamente (dizemos nós), há de existir algo que seja transcedente a essa matéria e seja mais real que a ilusão...

Física quântica aplicada à apometria

Adaptado da palestra proferida pelo prof. João Argon Preto de Oliveira no IV Encontro Regional de Apometria, em Lages, Santa Catarina:

O desenvolvimento teórico da física quântica, estimulado por Louiz de Broglie, com sua mecânica ondulatória apresentada em 1924, pelo qual toda partícula é acompanhada por uma onda piloto, levou finalmente os físicos de hoje ao ponto de vista de que os elétrons estão espalhados em regiões ou camadas orbitais, fazendo com que se apresentem como uma bola de "fofo" e indistinto material energético, porém rígido em seu conjunto; um núcleo positivo, com elétrons espalhados em regiões ou camadas orbitais, formando uma nuvem em concha.

O átomo, interpretado quanticamente pela química e pela física, tem os denominados números quânticos em número de quatro; que descrevem os estados de um elétron num átomo:

1 — As órbitas, cujas localizações são probabilidade eletrônicas (os níveis de incerteza) espalhada pela região onde o elétron pode ser encontrado, formando como se fosse uma crosta, daí o número "n" ou número de camadas, o principal.

2 — O número quântico do momento angular orbital, que caracteriza o número de subcamadas de uma mesma camada (número quântico azimutal).

3 — O número quântico magnético orbital que varia de

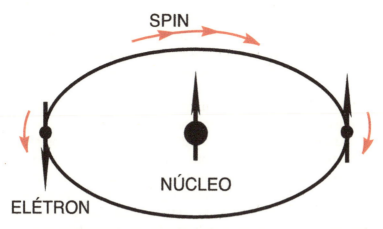

-1 a +1, dependendo, pois, do valor de 1, ou seja, o momento angular orbital.

4 — O quarto número quântico é o seu momento cinético, o *Spin* (que significa giro, em inglês), que é devido ao movimento de rotação do elétron em torno de seu próprio eixo. Esse movimento só pode assumir duas orientações: tem o mesmo sentido da translação e é positivo (+) ou é contrária à translação e é negativo(-).

Por outro lado, o próprio núcleo do átomo gira em torno de seu eixo, como o Sol, tendo um momento angular. Os momentos cinéticos (quantidade de número angular) ou *Spin* são representados por vetores, segmentos de reta orientados, que são perpendiculares à órbita do elétron, sendo voltado para cima quando positivos, e voltado para baixo quando negativo.

Tanto o movimento orbital do elétron, como o *Spin*, produzem campos magnéticos independentes.

Aplicação na Apometria

A Teoria da Relatividade desenvolvida por Albert Einstein chegou à conhecida relação:

$$E = mc^2$$

(energia é igual a massa, vezes o quadrado da velocidade da luz)

Ou
$$m = E/c^2$$
(matéria é igual a energia dividida pelo quadrado da velocidade da luz)

Por onde se pode concluir que a matéria (massa-matéria) é formada por energia condensada.

Assim sendo, é fácil se verificar que os diversos estados da matéria, desde o sólido até a matéria espiritual quintessenciada, são formas diferenciadas de energia em níveis vibratórios cada vez mais elevados; e que, podendo a energia atuar sobre a energia, no estado espiritual, é a mente, através do pensamento impulsionado pela vontade, a grande moduladora das formas e das ações.

Dr. Lacerda deduziu com clareza a lei que rege o pensamento como operação do espírito:

> A energia do pensamento manifestada (Wna) no campo físico é igual ao produto da energia elétrica naural (E_n) pela energia psíquica (da alma: φ) na potencial ν, quando ν, tende ao Infinito.
> Extraído do livro *Espírito e matéria*, página 48

$$W_{na} = E_n \lim_{\nu \to \infty} \varphi \upsilon$$

O pensamento irradia-se em todas as direções, a partir da mente, por meio de corpúsculos mentais energéticos. Quando devidamente potencializado através de uma mesa mediúnica e canalizado através de um médium ao mundo espiritual, dado o grande potencial energético do mundo material, poderá ser modulado pelos espíritos do bem, mentores etc, realizando ações e produzindo efeitos notáveis.

O comando do dirigente por meio de pulsos cumulativos de energia cósmica, por ele e pela mesa, atraída e somada às energias vitais do próprio corpo, passa ao plano astral e, em conformidade com as descobertas e revelações da física quântica, transformadas as freqüências vibratórias em massa magnética, atua de maneira decisiva sobre os espíritos a eles dirigida.

SALTO QUÂNTICO

O elétron recebe energia externa e salta para uma órbita mais alta.

Mudança de órbita de elétrons.

O elétron salta para uma órbita mais baixa e emite energia - eletromagnética, fótons, etc.

Uma das primeiras revelações da ação da física quântica no mundo espiritual nos é relatada pelo dr. Lacerda em seu livro *Espírito e Matéria*, na página 100, onde a vovó Joaquina, para auxiliar o dirigente, sugere: "Pois então dê uma zinversão no *Spin* dele", referindo-se a um mago extremamente confiante e poderoso. E o mago desmoronou!

Mas o que seria a inversão de *Spin*?

Temos duas hipóteses para explicar a inversão de "Spin", cujo conceito já estudamos acima:

1 — A primeira, como fez o dr. Lacerda, modificando o momento angular do *Spin*, fazendo com que seu vetor, que é paralelo ao vetor do *Spin* do núcleo, se incline em relação ao plano de órbita do elétron e, conseqüentemente, em relação à direção do vetor do núcleo. Conseqüências: mudança do momento angular ou cinético do elétron, afetando todo o equilíbrio da substância da matéria, por seu efeito sobre o campo magnético do elétron. Resultado: emissão de energia magnética não modulada com dois efeitos; um nas entidades espirituais — perda de energia e, portanto, de força de atuação; outro nas estruturas moldadas, como bases ou aparelhos — dissociação de seus componentes por perda da energia de coesão, ocorrendo desprendimento de "faíscas" e jatos fotônicos, já observados por médiuns videntes que acompanhavam a operação.

2 — A segunda, pela inversão do sentido da rotação dos "Spins", da metade dos elétrons, fazendo-os ter o mesmo sentido e, logicamente, do vetor que expressa a sua energia cinética e magnética do átomo. As conseqüências são similares às

relatadas na primeira hipótese, já que os vetores todos passam a ter um só sentido com efeitos devastadores no campo magnético do átomo, da matéria quintessenciada do plano espiritual, como magnificamente Demócrito[1] descreveu no ano 400 a.C: "A alma consiste em átomos sutis, lisos e redondos como os do fogo".

Usamos, por outro lado, o salto quântico, que muda o padrão vibratório das entidades, elevando-o a fim de que, em nível mais alto, aceitem em paz as palavras de doutrinação e a harmonia, e possam se enquadrar no plano adequado à sua realidade, já que estavam sob forte influência telúrica.

Também por meio do salto quântico é possível promover o deslocamento das entidades ao longo do tempo, em especial para regressões ao passado.

Mas o que é Salto Quântico?

"Salto quântico é a mudança brusca de estado de um sistema corpuscular. O sistema passa de um estado a outro, saltando estados intermediários".

O efeito dessa mudança de estado no plano espiritual pode se fazer no nível espacial-vibratório com deslocamento do Sistema para planos diferenciados de seu plano, para o futuro ou para níveis passados, uma vez que se canalizem as energias necessárias ao mundo espiritual juntamente com o comando de solicitação.

Do mesmo modo, "a mudança de estado" pode se dar na dimensão temporal, que no mundo espiritual tem um significado totalmente diferente do mundo material, já que o tempo, como entendemos, lá não existe. O passado e o presente subsistem simultaneamente separados tão-somente por estados vibratórios distintos. Daí poder ocorrer o deslocamento de um para os outros mediante pulsos de energia adequadamente conduzidos pelas entidades do bem, que os recebem do mundo material de formas já relatadas.

O salto quântico também pode ser entendido como a mudança de órbita dos elétrons que, quando recebem ener-

[1] Demócrito - Estudioso da matemática e física; sua filosofia residia num materialismo mecanicista atomista. Para ele, a natureza era composta de vazios e de átomos, partículas materiais indivisíveis, eternas e invariáveis.

gia, saltam para a órbita imediatamente mais externa e quando, necessariamente, retornam à sua órbita original emitem a energia recebida na forma de fótons (luz), energia radiante, energia eletromagnética etc., dependendo da substância emissora. Portanto: o uso das cores na técnica apométrica, por meio de energia fotônica devidamente modulada às cores necessárias; a despolarização dos estímulos da memória pela aplicação de energias magnéticas anulando os registros dos bancos da memória — a dialimetria; como tratamento do corpo etérico, por meio da redução da coesão intermolecular cósmica passando pela mente do operador; assim como praticamente todas as demais técnicas e procedimentos da apometria, estão vinculados aos fenômenos estudados na física quântica.

Mas como? Pela emissão de energia a partir dos organismos dos médiuns e do dirigente que, recebendo a energia cósmica, a qual altera as órbitas de seus elétrons que, ao retornarem, emitem energia modulada pela mente aos fins específicos, e somando as suas próprias energias vitais, remetem ao mundo espiritual um caudal de forças físicas e mentais de incomensurável valor. Não nos é possível medir a realidade dos efeitos dessas energias no mundo maior, cuja constituição sendo totalmente mental-energética escapa dos limites de nossa percepção material. Apenas sabemos da eficiência de sua atuação através dos médiuns nas suas diversas manifestações de intermediação entre os dois mundos.

Concluindo

A Apometria inegavelmente está na vanguarda da doutrina espírita. Mantendo bem alto o pensamento e a codificação de Kardec, segue em frente pelas sendas da ciência e do conhecimento, como preceituava o mestre. Assim, nos dias atuais, podemos dizer que a apometria e a física quântica se confundem no estudo e na aplicação dos limites da matéria, lá onde o material e o espiritual se confundem, lá onde a matéria feita energia e a energia feita espírito convivem em perfeita harmonia e interação.

A bela conclusão do pensamento de Demócrito quando dizia que: "A alma consiste em átomos sutis, lisos e redondos, como os do fogo", já antevia o quarto estado da matéria — o plasma, na antecâmara do mundo espiritual.

O físico dos tempos atuais nas suas pesquisas da constituição mais íntima da matéria, no microcosmo mais profundo da substância, atônito, está descobrindo energias inimagináveis, cuja atuação contraria, freqüentemente, a todas as previsões e teorias laboriosamente edificadas, e vê-se obrigado a se render às maravilhas da Criação e a aceitar a existência de uma Mente Superior que pensa e ordena o Universo no seu aparente caos.

A matéria é energia. Logo, tudo que se nos parece sólido e impenetrável está perdendo essa propriedade e nos conduzindo ao mundo do pensamento, ao mundo do espírito, ao verdadeiro mundo.

A apometria, ao adotar as leis da física quântica nas suas técnicas e procedimentos, com ela se identifica, fazendo a perfeita harmonização do conhecimento com o amor; a dicotomia inefável que leva à evolução, consagrando o pensamento vivo do Mestre Maior: Jesus, o Cristo.

Regras de Ouro da Apometria

Nesta oportunidade de elucidação aos iniciantes, devemos clarinar um vigoroso alerta para os entusiasmos que possamos estar provocando. Como fundamento de todo esse trabalho – como, de resto, de todo trabalho espiritual – deve estar o amor. Ele é o alicerce sempre, somado ao conhecimento daquilo que se está fazendo, através do estudo do Evangelho e de toda e qualquer literatura que possa contribuir para que esse trabalho seja bem realizado.

As técnicas que apontamos são eficientes, não temos dúvidas! O controle dessas energias sutis é fascinante, reconhecemos, pois desse fascínio também sofremos nós. Mas se tudo não estiver impregnado de caridade, de nada valerá. Mais: ao lado da caridade, e como conseqüência natural dela, deverá se fazer presente a humildade, a disposição de servir no anonimato. Se faltar amor e disposição de servir pelo prazer de servir, corremos perigo de incorrer na má aplicação das técnicas e do próprio caudal de energia cósmica. Advertimos: através da obediência dos preceitos evangélicos, somente através dela, experimentadores e operadores podem desfrutar de condições seguras para devassar esses arcanos secretos da natureza, com adequada utilização dessas "forças desconhecidas".

Estudos

Consideramos que o verdadeiro servidor cristão é aquele que faz de todas as coisas ao seu redor um motivo de estudo. Estudar as obras básicas, os livros doutrinários que temos à disposição, e que são inúmeros, as pesquisas feitas por dr. José Lacerda é, sem dúvida, um dever natural de quem se dispõe a servir com seriedade nas casas de assitência espiritual. O bom servidor cristão é também aquele que tem a mente e o coração abertos para compreender os infinitos caminhos que conduzem o homem à Luz; aprender a respeito de outros credos, analisá-los à luz do Evangelho e extrair o que há de bom nesses caminhos, pois nos atendimentos apométricos que faremos, provavelmente estaremos em contato com irmãos nossos, presos em outras épocas, em outras culturas, em outros credos. Portanto, quanto maior for a nossa bagagem de conhecimento, amor e técnica, com certeza, maior será a possibilidade de acolher os irmãos necessitados com os quais iremos lidar.

Função dos Médiuns

Sabemos que todos nós somos médiuns, em maior ou menor intensidade; portanto, trabalhadores em potencial. Consideramos que o trabalho ideal será constituído por uma corrente onde haja médiuns incorporadores, médiuns videntes e médiuns de doação de energia. Na falta de médiuns incorporadores poderemos trabalhar perfeitamente com os videntes e os doadores de energia. O bom médium é aquele que, tendo dominado seus medos e inseguranças, se abre confiante à Espiritualidade Maior para que, através dele, se realize o socorro necessário naquele momento.

Existe uma tendência muito grande nas comunidades espíritas, por parte dos participantes, de um endeusamento dos incorporadores e dos videntes, criando assim uma falsa crença de que, sem eles, o trabalho não possa ser realizado. Sabemos, sim, que um trabalho não acontece se a Espiritualidade se ausenta — esta sim é a maior força; nós, os médiuns, somos apenas servidores, os operários da obra divina, não os engenheiros.

Falemos um pouco sobre os não videntes e não incorporadores. Estes são imprecindíveis na manutenção dos trabalhos, pois fornecem as energias psico-espirituais que sustentarão os videntes e os incorporadores. Enfim, todos são importantes, desde aquele que encaminha o assistido até a câmara de atendimento, passando pelo dirigente (que deve ser objetivo, humilde e misericordioso) até aqueles que estão propriamente trabalhando na corrente.

Ética

Quando nos utilizamos das técnicas apométricas, passamos a ter grandes acesso à história do atendido, muitas vezes a detalhes e particularidades que o deixariam constrangido se isso fosse revelado às pessoas que com ele convivem. Cada atendimento é, na verdade, um acesso aos arquivos que guardam, em sua maioria, muitas dores, desilusões, erros e acertos, que devem ser tratados com paciência e nobreza, sem que o assistido se sinta um grande pecador em meio a uma corrente de santos (e que os médiuns não se façam de santos e resolvidos, mas que acolham o assistido como um igual, como alguém com as mesmas virtudes e falhas; alguém digno de respeito!). Nos momentos em que se fizer necessário comentar algum atendimento, que seja apenas para fins de estudo e compreensão do caso, nunca para especulações e fins pejorativos.

Considerações

1 — Este roteiro deve ser considerado como sugestão de procedimentos para a preparação e harmonização do ambiente de trabalho.

2 — Não deve ser encarado como tentativa de padronização dos trabalhos com apometria.

3 — Cada grupo de trabalho deve atender aos seus próprios requisitos, quer seja de orientação por parte da direção da casa, do dirigente do trabalho, do plano espiritual ou do próprio momento de trabalho através da intuição.

4 — O trabalho poderá ser desenvolvido com a reunião de médiuns postados em círculo, ao redor de uma mesa, da maneira que o grupo melhor se adaptar e de acordo com as condições possíveis no local.

5 — Poderá ser utilizado mais de um dirigente no mesmo trabalho. Formando-se parcerias com diferentes médiuns de psicofonia ou de vidência, o atendimento será agilizado.

6 — Poderá ser utilizado um conjunto de médiuns de sustentação.

7 — Aconselhamos que todos os trabalhadores aprendam e façam o autopasse, antes de iniciarem-se os trabalhos.

8 — É aconselhável que os assistidos recebam o passe de limpeza antes do atendimento.

9 — A disciplina, o silêncio, a assiduidade, a pontualidade, a harmonia e muito amor são requisitos básicos.

10 — Aconselhamos a todos que se dedicam a Deus, com base no trabalho com apometria, que aprendam as técnicas e sejam sempre potenciais dirigentes de trabalhos.

Abertura dos Trabalhos

1 — Leitura de um pequeno trecho do Evangelho (sem comentários).

2 — Agradecimento a Deus e a Jesus pela oportunidade de mais um trabalho de aprendizagem e serviço.

3 — Estabelecer sintonia com o mentor da casa, os mentores pessoais e auxiliares específicos daquela frente de

trabalho.

4 — Pedir às equipes de limpeza que realizem a higienização do ambiente, bem como do campo energético de cada trabalhador.

5 — Pedir às equipes de segurança que auxiliem na colocação dos sistemas de proteção necessários para o trabalho a ser realizado (os trabalhadores deverão estar atentos às recomendações do Alto no que diz respeito aos detalhes relacionados aos referidos sistemas, o que servirá para intensificar a proteção, bem como será de grande aprendizado para todos).

6 — Ativação dos campos de força:

• **Pirâmide Inferior** na cor rubi (impulsos alfa, beta, gama, delta, épsilon), ativando a cor rubi da pirâmide inferior (impulsos de 1 a 7).

• **Pirâmide Superior** na cor azul (impulsos alfa, beta, gama, delta, épsilon), ativando a cor azul da pirâmide superior (impulsos de 1 a 7).

• **Cruz crística**, no topo da pirâmide superior, na cor rubi (impulsos de 1 a 5).

• **Esfera de aço magnético**, envolvendo todos os campos já criados (impulsos de 1 a 7).

• **Anel de aço magnético**, envolvendo a esfera (impulsos de 1 a 7).

• **Muralha magnética** num raio de 500 metros com a inscrição da oração "Pai Nosso" (impulsos de 1 a 7).

• **Pilares de luz** ao norte, sul, leste, oeste (impulsos).

• **Cor verde**, esterilizando toda a área de trabalho (impulsos de 1 a 7).

• **Vento solar**, removendo todas as energias negativas ao trabalho (impulsos de 1 a 7).

Ativando outras cores harmonizantes, violeta, dourado, azul, rosa, fixando essas energias com branco cintilante.

7 — Ativamos, nesse momento, os meios de comunicação com os hospitais espirituais e também os meios de transporte, tais como esteiras, escadas, tubos de luz etc.

8 — "Prece das Fraternidades":

Nosso Divino Mestre e Salvador, fortalecei-nos e amparai-nos para que possamos lutar contra as forças do mal que tentam dominar o mundo.

Mensageiros celestes, auxiliares de Jesus, fortalecei-nos e amparai-nos para que possamos lutar contra as forças do mal que tentam dominar o mundo.

Pai nosso, Criador nosso, fonte eterna de amor e de luz, fortalecei-nos e amparai-nos para que possamos lutar contra as forças do mal que tentam dominar o mundo.

9 — Estabelecer sintonia e pedir proteção às fraternidades ligadas a Ismael e, em seguida, às equipes de Maria de Nazaré.

10 — Pedir as bênçãos do Mestre Jesus e de seus auxiliares.

11 — Fazer a oração do Pai Nosso.

12 — Desdobrando todos os médiuns (impulsos de 0 a 7), colocando-se todos os corpos espirituais, ao lado do corpo físico. Preparando-se para subir ao Hospital e assumir os postos de trabalho (impulsos de 1 a 7).

13 — Checando o ambiente: poderá ser pedido que os médiuns videntes verifiquem a harmonização do ambiente neste momento. Pode-se ativar um branco leitoso (impulsos de 1 a 7) que tem a particularidade de criar um contraste para melhor visualização.

14 — Procedimentos para harmonização e ativação dos chakras:

"Agora vamos descendo os braços, com as palmas das mãos voltadas para a Mãe Terra, captando a energia primária (telúrica) que penetra através dos nossos pés, vai subindo pelas nossas pernas, ao longo da coluna, passando pelo cérebro, iluminando-o; o excesso de energia sai pelo chakra coronário.

Posicionamos a mão esquerda na base da coluna, interceptando essa energia. Com a mão direita, vamos ativando os chakras, iniciando pelo:

- **Esplênico**, com a cor laranja;
- **Gástrico**, com a cor verde;
- **Cardíaco**, com a cor rosa;
- **Laríngeo**, com a cor azul;

- **Frontal**, com as cores amarela, dourado e índigo;
- **Coronário**, com as cores violeta e branco;

Outras cores poderão ser sugeridas pela intuição momentânea".

Procedimentos para atendimento de um paciente

1 — Colocar a pessoa a ser tratada sentada no centro do círculo (se for trabalho em círculo).

2 — Perguntar o nome completo e, resumidamente, o problema que a levou até ali, ou proceder à leitura da sua ficha de atendimento.

3 — Abrir aleatoriamente o Evangelho; ler um pequeno trecho, sem comentários.

4 — Pedir aos mentores, em nome de Jesus, para abrir a freqüência do atendido (impulsos de 1 a 7).

5 — Ir desdobrando e dissociando os corpos espirituais (impulsos de 1 a 7).

6 — Varredura de 360 graus (impulsos de 1 a 7).

7 — Seguir os tratamentos, tratando corpos, cordões, sub-níveis, obsessores, trabalhos de magia etc., através das leis e técnicas apométricas.

8 — Após o atendimento, fechar a freqüência do atendido (impulsos de 1 a 7) e ir desligando-se da freqüência do atendido... (impulsos de 1 a 7).

Procedimentos para encerramento dos trabalhos

1 — Pedimos permissão para deixar os nossos postos de trabalho junto ao hospital e descer junto aos nossos copos físicos (impulsos de 7 a 0).

2 — Acoplando os corpos espirituais perfeitamente no corpo físico (impulsos de 1 a 7).

3 — Regulando e alinhando todos os chakras (impulsos 1 a 7).

4 — Agradecendo a todas as correntes e fraternidades

espirituais que estiveram conosco, aos mentores da apometria, aos diversos hospitais, creches, aos enteais da natureza, aos mentores da casa, aos mentores pessoais.

5 — Abrindo espaço para manifestação dos mentores que desejarem, em nome de Jesus, trazer a sua mensagem e orientação.

6 — Nesse momento, vamos agradecendo a Deus, nosso Pai, a Jesus, nosso Divino Mestre, por mais esta oportunidade de trabalho, buscando no fundo dos nossos corações os melhores sentimentos de amor e fraternidade universal e doando nossas energias em forma de vibrações.

7 — Pedimos licença para dar por encerrado os trabalhos, através da prece "Pai Nosso".

Bibliografia

- *Espírito e Matéria - Novos Horizontes para a Medicina*
- *Energia e Espírito*
José Lacerda de Azevedo
Casa do Jardim, Porto Alegre - RS

- *Apometria - Novos Horizontes da Medicina Espiritual*
Vitor Ronaldo Costa
Casa Editora O Clarim, Matão - SP

Outros livros:

- *O Livro dos Médiuns*
Allan Kardec

- *O Livro dos Espíritos*
Allan Kardec

- *O Evangelho Segundo o Espiritismo*
Allan Kardec

- *Histórias que Jesus Contou*
Clovis Tavares / Francisco Candido Xavier
Lake - Livraria Allan Kardec Editora

A apometria vem se afirmando como uma das técnicas de atendimento mais eficazes já transmitidas à Terra pelo plano espiritual.

Desde sua estruturação, há várias décadas, pelo médico José Lacerda de Azevedo, de Porto Alegre, vem se destacando no tratamento das patologias mais rebeldes e intrincadas da alma — incluindo os casos complexos de magia das sombras, que desafiam as abordagens clássicas de tratamento espiritual.

Apometria Hoje é uma coletânea de artigos que focalizam aspectos relevantes da prática apométrica na atualidade. Aprofundando a compreensão do fenômeno, desfazendo equívocos de interpretação, dimensionando com a lógica espiritual os contornos éticos de seu exercício, esclarecendo como e porquê da parceria — que já nasceu com ela — da apometria com a umbanda.

Os autores são, na maioria, médicos ou escritores — ou ambos — e dirigentes de grupos apométricos, todos trabalhadores experimentados na área espiritual, sendo dois ex-presidentes da Sociedade Brasileira de Apometria.

Sua experiência diversificada permite enriquecer a abordagem do universo da apometria com os conhecimentos de áreas afins — umbanda, psiquiatria, terapia de vida passada, esoterismo, medicina, homeopatia, florais; e junto com a vivência em grupos mediúnicos universalistas, espíritas, umbandistas, coloca luzes esclarecedoras sobre meandros poucos compreendidos ou ignorados da teoria e da prática apométricas.

Apometria Hoje
AUTORES DIVERSOS
Formato 14 x 21 cm • 160 p.

Baseado no legado de Roger Feraudy, e a seu pedido, a intenção deste livro é lançar um novo modelo, um novo olhar sobre a Umbanda e sobre a Espiritualidade como um todo, desde seus conceitos básicos, passando pela caridade e indo até considerações mais sofisticadas sobre assuntos como: quem somos nós, de onde viemos e para onde vamos.

É mais que tempo de os homens da Terra, quase todos filhos das estrelas, voltarem seus olhos para a história divina de nosso planeta, que se mescla com a história da própria Umbanda, repleta de ensinamentos de entidades maravilhosas, de inimaginável evolução espiritual; voltarem seus olhos e, além de tentarem entender o que realmente se passa nesse mundo invisível, nos meandros dessa magia cósmica na qual estamos todos inseridos, imitarem os exemplos de bondade infinita, até que esses iluminados seres siderais possam voltar a nos guiar numa nova civilização.

É chegada a hora daqueles que têm compromisso cármico ativo com a magia, ou seja, os umbandistas, estudarem mais, não apenas para lidar com a magia sem ganhar um carma, mas também para que o paradigma da Umbanda passiva seja modificado; compreenderem as verdades ocultas, a fim de liberar a verdadeira Umbanda da miscigenação com outros cultos e rituais que a ela se enredaram, tornando-se então agentes do entendimento universal.

É chegada a hora de o homem comum aprender a fazer seus próprios milagres.

Terra dos Ay-Mhorés
MARIA TEODORA RIBEIRO GUIMARÃES
Formato 14 x 21 cm • 336 p.

Umbanda, essa Desconhecida tornou-se, ao longo de duas décadas, uma obra básica de referência para os estudiosos da Umbanda, e retorna agora revista e ampliada.

O sábio mestre oriental Babajiananda (Pai Tomé) desvendou aqui, pela primeira vez, as desconhecidas origens ancestrais do culto AUM-PRAM, da velha Atlântida, e seu ressurgimento no Brasil, por determinação dos Dirigentes Planetários – fundado, em 1908, pelo Caboclo das Sete Encruzilhadas.

De forma clara e didática, são revistos conceitos fundamentais ainda pouco compreendidos da temática umbandista: que são, na verdade, os Orixás, e o que significam seus nomes originais? Como operam as Linhas de Umbanda? Quem são os seus médiuns? O que é um babá, um babalorixá? O que é magia? Afinal, o que são Exus? Qual é a estrutura oculta das falanges de Umbanda? Traz orientações sobre as práticas, como oferendas e despachos, pontos cantados e riscados, guias, banhos de ervas, a estruturação de um centro, criação de um gongá, obrigações, desenvolvimento e iniciações dos médiuns etc.

O extraordinário diferencial desta obra é a desmistificação dos pretensos "mistérios", das práticas descabidas e dos comportamentos mediúnicos e crenças inconsistentes, subproduto da desinformação.

Embasada nos milenares conhecimentos esotéricos, mas temperada pela simplicidade amorável dos terreiros, dela surge uma Umbanda luminosa, baluarte da Espiritualidade Maior planetária.

Roger Feraudy, consagrado autor de uma dezena de obras de sucesso — mais de 50 anos de prática umbandista — é uma das vozes mais abalizadas do Movimento de Umbanda no Brasil.

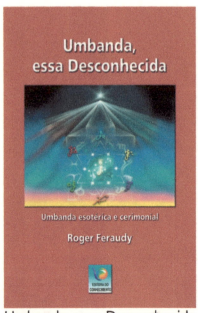

Umbanda, essa Desconhecida
ROGER FERAUDY
Formato 14 x 21 cm • 250 p.

Ectoplasma é, sem sombra de dúvida, um livro ímpar por relatar a experiência de um médico psiquiatra ao descobrir, após anos de observações e estudos, que a origem de diversos sintomas apresentados por seus pacientes eram decorrentes da influência de uma substância fluídica ainda desconhecida pela medicina clássica, denominada ectoplasma. Mais que um ousado e competente cientista do corpo e da alma, Luciano Munari disponibiliza nesta obra uma efetiva contribuição em favor do estabelecimento de novas fronteiras etiológicas para as doenças, bem como pretende suscitar discussões mais amplas a respeito da bioquímica do ectoplasma, sua origem, produção e influência na saúde do corpo físico, dando continuidade a estudos iniciados por Charles Richet, cientista francês do início do século 20, e interrompidos por seus sucessores há mais de oito décadas.

O autor descreve e analisa patologias como úlcera, artrite, enxaqueca, labirintite, fibromialgia, TPM, depressão, síndrome do pânico, transtorno da somatização (a "bola" na garganta), entre outras, esclarecendo ao leitor de forma clara e objetiva de que maneira o ectoplasma e sua produção excessiva pelo fígado colabora para a formação desses sintomas físicos e psíquicos tão comuns nos dias de hoje. E mais: como a alimentação adequada, o exercício da paranormalidade direcionado para o bem, e uma reformulação do comportamento psíquico podem colaborar para o controle dos sintomas ectoplasmáticos e conseqüente cura de enfermidades.

Com quase 30 anos de estudos, que incluem experiências em Terapia de Vida Passada, Luciano Munari nos oferece o que há de mais interessante na área. Seu livro trará nova luz à ciência médica, ampliando os horizontes da terapêutica e a mente dos mais ortodoxos, além de esclarecer e orientar pessoas predestinadas a trabalhar com cura espiritual.

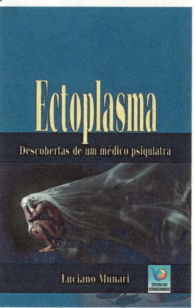

Ectoplasma
LUCIANO MUNARI
Formato 14 x 21 cm ▪ 168 p.

Objetivando desmistificar preconceitos referentes à umbanda, como também mostrar a simplicidade de que ela se reveste, vez ou outra a Espiritualidade desce ao plano terreno.

Desta vez, travestido de preta velha, e designando-se Vovó Benta, mais um trabalhador da luz nos relata, em seus escritos, casos corriqueiros de atendimentos realizados nos terreiros de umbanda deste Brasil a fora, traduzindo o alento que essas almas abnegadas nos trazem com sábios conselhos ou mandingas, sempre auxiliando na evolução dos filhos da Terra.

Ao mesmo tempo em que mostra a característica de diferentes locais onde se pratica a umbanda na sua diversidade, o espírito Vovó Benta retrata, nesta obra, que os seres humanos, independentemente de classe social, credo ou sexo, sofrem as mesmas dificuldades, e que o remédio reside no íntimo de cada um.

Nestes escritos, Vovó Benta procura mostrar que a psicologia dos pretos velhos está em ensinar a pescar, nunca em dar o peixe pronto. Sem soluções mágicas ou receitas prontas, eles procuram, por intermédio de seus sábios aconselhamentos, instigar a reforma íntima, condição primordial para a evolução de todos os seres pensantes do planeta.

Casos simples, contados de maneira simples, mas que alcançam o coração das pessoas. Essa é a maneira como costuma se manifestar Vovó Benta, que se denomina "mandingueira", mas que, na verdade, traz a sabedoria de que se revestem os sábios magos brancos pertencentes às correntes fraternas das bandas de Aruanda.

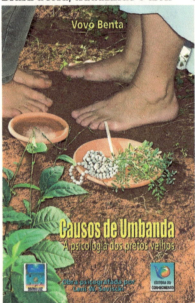

Causos de Umbanda 1
LENY W. SAVISCKI
Formato 14 x 21 cm • 192 p.

APOMETRIA PARA INICIANTES
foi confeccionado em impressão digital, em julho de 2025
Conhecimento Editorial Ltda
(19) 3451-5440 — conhecimento@edconhecimento.com.br
Impresso em Luxcream 80g – StoraEnso